A Cor do Inconsciente

A COR DO INCONSCIENTE

Significações
do Corpo Negro

**ISILDINHA
BAPTISTA
NOGUEIRA**

PERSPECTIVA

PALAVRAS NEGRAS

INSTITUTO AMMA PSIQUE E NEGRITUDE
Cleber Santos Vieira
Clélia Prestes
Deivison Faustino (Nkosi)
Dennis de Oliveira
Fabiana Villas Boas

Coordenação de texto Luiz Henrique Soares e Elen Durando
Edição de texto Juliana Sergio
Revisão Raquel F. Abranches
Projeto gráfico e capa Sergio Kon
Produção Ricardo W. Neves e Sergio Kon

CIP-Brasil. Catalogação na Publicação
Sindicato Nacional dos Editores de Livros, RJ

N712c
    Nogueira, Isildinha Baptista
    A cor do inconsciente : significações do corpo negro / Isildinha Baptista Nogueira. - 1. ed. - São Paulo : Perspectiva, 2021.
    192 p. ; 19 cm. (Palavras negras ; 7)

    Inclui bibliografia
    ISBN 978-65-5505-076-9

    1. Negros - Psicologia - Brasil. 2. Racismo - Brasil. 3. Psicanálise e racismo - Brasil. I. Título. II. Série.

21-73556   CDD: 155.8496081
                               CDU: 159.9:316.347(81)

Leandra Felix da Cruz Candido - Bibliotecária - CRB-7/6135
29/09/2021   01/10/2021

1ª edição, 6ª reimpressão

Direitos reservados à

EDITORA PERSPECTIVA LTDA.

Praça Dom José Gaspar, 134, cj. 111
01047-912 São Paulo SP Brasil
Tel.: (11) 3885-8388
www.editoraperspectiva.com.br

2025

À minha mãe, mulher negra,
com quem aprendi a lutar.

À minha família,
que sempre esteve comigo
nessa lutar.

Sumário

Apontamentos da Memória
11

Apresentação
[*Abrão Slavutzky*]
17

Prefácio
[*Kabengele Munanga*]
23

Introdução
31

I. DIMENSÃO SOCIOCULTURAL DA CONDIÇÃO DE NEGRO

1   A Constituição do Indivíduo na Sociedade
41

Gênese da Categoria de Indivíduo [41]; A Constituição do Indivíduo na Classe [50]; O Lugar do Negro na Sociedade [54]

2   As Representações Sociais
59

A Cultura Como Sistema de Significações [59]; O Corpo Como Signo [65]; A Significação Social do Corpo Negro [66]

II. DIMENSÃO PSÍQUICA DA CONDIÇÃO DE NEGRO

3   As Estruturas da Condição Subjetiva
71

A Concepção Lacaniana de Sujeito [72]; A "Spaltung": A Divisão do Sujeito [75]; O Mecanismo do Recalque [77]; A Alienação do Sujeito na Linguagem [78]; O "Eu" Como Construção Imaginária [83]; A Fantasia Como Constitutiva do Corpo [86]; A Noção de Objeto [89]

4   O Corpo Negro Como Categoria
    Imaginária e Simbólica
    97
    Imagem do Corpo e Esquema Corporal [98]; A "Inumanização" do Negro [103]; A Dissociação Narcísica na Imagem do Corpo Para o Negro [105]; A Imagem do Corpo Como Rosto [107]; A Construção da Imagem do Rosto Próprio Pelo Olhar do Outro [109]; O Rosto Próprio Como Estranho [114]; A Construção da Imagem do Corpo no Negro [115]; A Criança Negra e o Espelho [122]; A Relação Persecutória Com o Corpo Negro [124]; A "Vergonha de Si" e os Processos Autodestrutivos do Negro [126]

5   A Condição de Negro Vivida Como Privação
    135
    A Categoria Freudiana de Romance Familiar [135]; Gênese do Mito da Brancura no Romance Familiar do Negro [139]; A Condição de Negro Como Falta [144]

6   Estudos de Casos
    151
    Caso n. 1 [153]; Caso n. 2 [156]; Caso n. 3 [161];

Por Fim
171

Posfácio
[*José Moura Gonçalves Filho*]
177
Referências
189

Eu canto aos Palmares, sem inveja de Virgílio, de Homero, e de Camões, porque o meu canto é o grito de uma raça, em plena luta pela liberdade!

SOLANO TRINDADE, *Cantares ao Meu Povo*.

Apontamentos da Memória

Quando defendi *Significações do Corpo Negro* no Instituto de Psicologia da Universidade de São Paulo há mais de duas décadas, considerava atribuir-lhe o título "A Cor do Inconsciente", mas percebi que isso poderia causar polêmica na academia, pois, de um ponto de vista estritamente teórico, dizia-se que o inconsciente não tem cor. Hoje, penso que esta é uma provocação que posso sustentar.

Olhando em retrospecto, vários foram os acontecimentos e muitas foram as pessoas importantes para que este trabalho pudesse ser escrito. São muitas as lembranças. Uma em particular foi de grande importância para mim e mudou para sempre o meu modo de "me ver" e enxergar o mundo. Eu era então uma menina recém-saída da faculdade de Psicologia que acabara de entrar para o mestrado, graças à acolhida generosa da professora Suely Rolnik. Naquele ano, tive a oportunidade de ir para a França fazer um estágio em Bonneuil-sur--Marne, em uma escola experimental para crianças e adolescentes com problemas de ordem psíquica, criada pela psicanalista Maud Mannoni.

Suely Rolnik então me pediu que levasse uma carta para o filósofo Felix Guatarri.

Eu tinha acabado de chegar em Paris, mal falava o francês, mas, deslumbrada e maravilhada com o velho mundo, queria aprender e apreender tudo; os dias pareciam muito curtos diante de tudo o que havia para conhecer: os lugares, as bibliotecas, a cada olhar, uma lição a ser absorvida.

Felix Guatarri me recebeu de maneira carinhosa e generosa. Passei a frequentá-lo e jamais me esqueci das noites de quintas-feiras nas quais intelectuais franceses e de todo mundo se reuniam em sua casa para discutir tudo quanto a mente humana era capaz de alcançar, fosse política, arte, filosofia. Um tipo de convivência que eu, uma menina pobre de periferia, jamais poderia imaginar estar tomando parte.

Guatarri havia recebido um convite para participar de um painel no congresso Rencontre Latino-Américaine de Psychanalyse, cujo tema seria "Le Psychanalyste sous la terreur" (O Psicanalista Sob Terror), organizado por um psicanalista brasileiro radicado em Paris, Heitor O'Dwyer de Macedo. Como Guatarri tinha um compromisso na Itália que coincidia com o encontro, me propôs ir em seu lugar e apresentar um trabalho; tenho vivo em minha memória o pânico de que fui tomada frente a esse compromisso.

Começamos, eu e ele, uma série de conversas que mudaram minha vida para sempre. Eu dizia: "Mas Felix, eu não sei o que falar, nem tampouco o que escrever, mau falo o francês!" Estava tomada de pavor. Ele me respondeu: "Não se preocupe, pode falar em português, lá terá um intérprete e você vai falar de você mesma e da negritude."

Mas como falar de algo que eu não aprendera a pensar, um tema que era proibido, que não aprendi na escola? Socialmente, não podia apresentar-me como sendo negra, a história do meu povo era a de um passado de escravizados, do qual aprendi que deveria me envergonhar; eu deveria ser uma branca num corpo negro. Ainda absorta nesses pensamentos e apavorada, a voz de Felix veio em meu socorro, para me resgatar do pânico. Ele era um analista muito perspicaz e de um incrível bom humor:

– Calma. Vamos conversar sobre a negritude...

E foram muitas as conversas sobre a questão nos dias em que ia de carona com ele para a La Borde, clínica psiquiátrica em que ele trabalhava desde a fundação e na qual eu estagiava.

Como combinado, fui ao evento, levando um bilhete que ele me pediu que entregasse a uma pessoa que estaria na porta da Maison de L'Amérique Latine, local do evento. Fui recebida gentilmente, os analistas e intelectuais europeus presentes me olhavam surpresos, mas se dirigiam a mim de maneira acolhedora. Os analistas e intelectuais brasileiros me dirigiam um olhar de espanto e pouco amigável. Nunca soube o que estava escrito naquele bilhete, mas tive um acolhimento que jamais havia experimentado no Brasil. Afinal, eu era apenas uma estudante em início de carreira, uma ilustre desconhecida. Hoje, lembro disso, dou muita risada. Só Felix poderia ter feito algo assim.

Feitas as apresentações, fiz uma fala curta e insegura, própria de alguém que havia apenas começado a pensar a própria negritude, mas que passaria, a partir daí, a ser um pensar permanente, de entender o complicado mecanismo psíquico que se desenrola no intrincado processo de se tornar sujeito, um sujeito negro. Da tribuna de onde falei, vi que os analistas franceses, muitos dos quais mundialmente conhecidos, falavam entre si e uma dentre eles, Radmila Zygouris, amiga de Felix, dirigindo-se a mim, disse: "Essa fala é você, e tudo quanto a psicanálise ou analistas ainda não pensaram, uma falta." Em seguida fui convidada para jantar com o grupo, muitos dos quais se tornaram meus mestres, pessoas importantes na minha formação. Como diziam os amigos que fiz na França, passei por uma escola peripatética de psicanálise, por conviver dia a dia com analistas com quem muito pude aprender.

Décadas depois, novamente em Paris, entrei em uma livraria e me deparei com o livro *Le Psychanalyste sous la terreur*. "Responsable: Heitor O'Dwyer de Macedo. Edition Matrice." E lá estava anotada minha participação. Não sabia do livro, mas, quis o destino, que fosse assim, meio ao acaso, que o soubesse: o registro do dia em que meu percurso como pesquisadora e psicanalista mudou para sempre.

Agradecimentos

São muitos os agradecimentos a serem feitos por todo apoio que sempre tive, mas gostaria de começar por:

A Felix Guatarri e Suely Rolnik, que marcaram minha vida e minha trajetória profissional.

A Iray Carone que, além de orientadora, foi quem me deu a oportunidade de fazer o trabalho que resultou neste livro.

Aos professores Kabengele Munanga e Cristina Kupfer, membros da banca do meu exame de qualificação, pelas valiosas sugestões e críticas.

Ao CNPq, pela bolsa, que me deu condições para realizar parte do trabalho.

A Heidi Tabacof, minha analista, que me acompanhou no complexo caminho de me tornar sujeito de minha própria história.

A Rosana Paulilo, com quem pude aprender os segredos da escrita.

A Radmila Zygouris, a mestra e amiga generosa, com quem aprendi os caminhos da psicanálise.

A Walkirya B. Lima, por me fazer acreditar que era possível realizar tal obra.

A Caterina Koltai, a irmã querida com quem pude contar.

A Irene Munanga, um exemplo de luta.

A mãe Ida, mãe de doçura e compreensão, companheira de momentos difíceis e bons.

Aos amigos Eduardo Goldenstein e Luis Antônio de Barros Camargo, queridos companheiros de estudos psicanalíticos.

Aos amigos do grupo de filosofia e ao professor Luis Alfredo Garcia-Rosa, mestre de filosofia e vida.

A Janise Martins, da Oficina das Letras ,que, com carinho e amizade, cuidou da confecção deste e de todos os trabalhos que tenho escrito ao longo de minha carreira.

A Clélia Prestes, por ter cuidado da edição deste livro, pela paciência, carinho e persistência para comigo.

Ao Cassio Xavier Monteiro, um amigo querido, pela parceria e bom humor ao me ajudar no envio dos meus textos e impressões de textos de que preciso para estudar.

Apresentação

Abrão Slavutzky[1]

Quando a conhecida psicanalista francesa Françoise Dolto pediu a palavra, fez-se silêncio: "Me perdoe, não tenho o que falar. Sua fala sangra. Sua fala é você, a psicanálise lhe deve isso, temos que pensar sobre isso." Foi sua reação à fala da jovem Isildinha Baptista Nogueira sobre sua vida de mulher negra no congresso Rencontre Latino-Américaine de Psychanalyse, numa mesa cujo tema era "O Psicanalista Sob Terror", em Paris, no ano de 1984. Uma das origens deste livro foi o desafio que lançou Dolto sobre as marcas do racismo na nossa realidade psíquica. No mesmo dia da apresentação, a psicanalista Radmila Zygouris convidou Isildinha para morar em sua casa e estudar num grupo de psicanálise.

A Cor do Inconsciente: Significações do Corpo Negro é um livro sobre racismo e psicanálise, que talvez tenha tido ainda outro começo: a menina Isildinha chegou em casa chorando, sua avó perguntou o porquê do choro, e ela disse que um menino ria e repetia ser o seu cabelo "de Bombril". A avó logo a abraçou, falando que seu cabelo era igual ao dela e que ela adorava penteá-la. A netinha se acalmou, sorriu, mas o preconceito, o racismo, já fazia marcas na sua vida, na sua realidade psíquica, em seu inconsciente. Ajudada pela avó e a mãe,

---

1. Psicanalista e escritor.

entendeu cedo que devia estudar para enfrentar os desafios da vida e escolheu Psicologia, logo o mestrado. Por sugestão da sua orientadora, e graças aos apoios, viajou a Paris para aprofundar os estudos.

Recentemente, a psicanálise brasileira começou a abrir as suas portas ao estudo do racismo, por meio do livro *O Racismo e o Negro no Brasil: Questões Para a Psicanálise* (Perspectiva, 2017). Num país onde mais da metade da população é negra, os sintomas do racismo estão na violência física e psíquica contra os negros e como nós ainda conhecemos pouco nosso país. Ao ser indicado pelos Psicanalistas Pela Democracia (PPD) para entrevistar amigos e colegas, propus que uma das entrevistas fosse sobre o racismo brasileiro. A psicanalista sugerida foi a colega Isildinha, a primeira brasileira a escrever uma tese de doutorado sobre a realidade psíquica dos negros. Sua tese original é "Significações do Corpo Negro", mas a autora tinha pensado primeiro o poético "A Cor do Inconsciente". Na nossa entrevista para o PPD (psicoterapia psicodinâmica), pergunto por que não manter o título original em um futuro livro, o que, tendo ela ponderado a respeito, resultou no atual título.

A Cor do Inconsciente impacta: o inconsciente em princípio não tem cor, mas essa imagem revela uma verdade intuída talvez por Françoise Dolto ao dizer o quanto a psicanálise devia à colega brasileira. No inconsciente há marcas mnêmicas, as marcas na memória e na infância de negros e brancos que vivem o racismo, uns sofrendo e outros gozando o estranho da cor desde a lógica branca. No sétimo capítulo de *Interpretação dos Sonhos*, "Psicologia dos Processos Oníricos", Freud mostra como as marcas mnêmicas vão constituindo o inconsciente. Este livro aponta para algumas das raízes psíquicas do racismo estrutural, um racismo entranhado até hoje na sociedade branca, marcas de uma história de escravidão e, depois, de abandono, maus-tratos, assassinatos.

O racismo é uma paixão que busca se fundamentar numa doutrina, onde o essencial é o desprezo que justifica o ódio. Ao assegurar que é preciso expulsar, desprezar o negro, esse resto, essa imundície cujo protótipo é objeto fecal, o racista tem convicção de que todo o mal está fora de si: o inimigo odiado e ridicularizado. Constituem-se assim os irmãos do ódio, unidos contra a raça negra, a raça maldita. Portanto, o racismo é um fenômeno de grupo, e, sendo uma paixão, é um desejo posto em tensão, o desejo racista é exterminar o seu objeto de ódio. Os efeitos psíquicos do racismo em quem sofre e em quem goza são essenciais para se entender o Brasil. No caso do racismo contra os negros, pensar como as marcas da humilhação e do desprezo vão marcar o inconsciente por intermédio dessas marcas mnêmicas é o objetivo da autora.

A imagem do corpo é fundamental, pois ele é estruturante na identidade do sujeito, e é durante o "estádio do espelho" – que Lacan definiu como uma fase na vida da criança quando ela ainda se encontra em maturação e adquire consciência do corpo próprio, entre os seis e os dezoito meses de vida – que é construída essa identidade primordial. A aquisição da identidade se apoia na dimensão imaginária a partir do reconhecimento da criança de sua imagem virtual que não é ela, mas é onde ela se reconhece. Trata-se de um conhecimento imaginário, mas que se fundamenta na experiência. É aí que se produz o domínio do corpo como uma totalidade, em substituição àquilo que anteriormente era vivenciado em pedaços.

As "significações do corpo negro" do subtítulo levam Isildinha a fazer um mergulho na complexa questão do corpo em psicanálise, a qual, a partir de Lacan, define que o corpo tem três pontos de vista que se complementam.

> Do ponto de vista real, o corpo é sinônimo de gozo; do ponto de vista simbólico, o corpo é o significante "conjunto de elementos diferenciados entre si e que determinam um ato no outro"; e como corpo imaginário, "identificado como uma imagem externa e prenhe, que desperta o sentido num sujeito". (p. 95)

Importante destacar que a imagem do corpo é única e ligada à sua história, bem como é inconsciente e sustentada no narcisismo.

E assim o livro vai alcançando o seu cerne, a "inumanização do negro". Daí a conclusão, de Jurandir Freire Costa: "Ser negro é ser violentado de forma constante e contínua e cruel, sem pausa ou repouso, por uma dupla injunção: a de encarnar o corpo e os ideais de Ego do sujeito branco e a de recusar, negar e anular a presença do corpo negro" (p. 122).

"O que somos nós, os negros?"(p. 125), pergunta Isildinha, e é a partir dessa pergunta que ela vai costurando, pacientemente, as marcas da cor a nível inconsciente. Ser branco significa uma condição genérica: ser branco constitui o elemento não marcado, o neutro da humanidade. Se for considerado o processo de construção do corpo imaginário a partir do referencial da psicanálise, é possível supor que, se nada de extraordinário ocorrer na evolução do indivíduo, ele se tornará um sujeito a partir do outro, da alteridade. Então experimentará, eventualmente, o sentimento de "estranho inquietante", diante de uma experiência inesperada, como a de ser, inesperadamente, refletido em um espelho ou em uma superfície refletora. Assim, experimentará sentimentos de medo e constrangimento, para em seguida se recompor, reconhecendo-se e não se repudiando, sendo confirmado sujeito pelo olhar do outro.

Para os negros, no entanto, o estranho inquietante é mais do que o reconhecimento de um eventual outro – estranho – em si mesmo: é o reconhecimento de sua condição de não ser. Ser negro não é uma condição genérica, é uma condição específica, é um elemento marcado, não neutro. O "ser negro" corresponde a uma categoria incluída num código social que se expressa dentro de um campo etnossemântico onde o significante "cor negra" encerra vários significados. O signo "negro" remete não só a posições sociais inferiores, mas também a características biológicas supostamente aquém do valor daquelas propriedades atribuídas aos brancos. Não se trata de significados explicitamente assumidos, são restos de um processo histórico que persistem numa zona de associações e que podem emergir de forma explícita. Se o que constitui o sujeito é o olhar do outro, como fica o negro ao se confrontar com o olhar do outro que mostra reconhecer nele o significado que a pele negra traz como significante? Resta ao negro, para além de seus fantasmas, inerentes ao ser humano, o desejo de recusar esse significante, que representa o significado que ele tenta negar, negando-se, dessa forma, a si mesmo pela negação do próprio corpo.

Esse movimento do estranho inquietante, o estádio do espelho lacaniano, caracteriza o tipo de experiência que marca a relação do negro com o dia a dia no meio social. É impossível, para ele, não se perturbar com as ameaças aterradoras que lhe chegam via racismo. O racismo, contrariamente ao preconceito, é a expressão da violência, é um ato, não uma interdição que se coloca *a priori*, como forma de proteger seja lá o que for. Dentro desse universo de terror, mesmo que o negro acredite conscientemente que tais ameaças racistas não se cumprirão, o pavor não desaparece. Ele traz no corpo o significado que incita e justifica, para o outro, a violência racista.

"A 'Vergonha de Si' e os Processos Autodestrutivos do Negro" é um dos estudos originais de Isildinha, que trabalha apoiada em sua amiga/mestra Radmila Zygouris. São as formas de denominação ofensiva a que o negro é, comumente, exposto no espaço social e que, longe de serem uma experiência específica do indivíduo, se associam ao extenso repertório de designações depreciativas que, historicamente, marcaram os negros. Quando o negro é designado, por exemplo, como "macaco", quando, numa situação de tráfego, ouve alguém que, dirigindo-se a ele, diz "macacos não deveriam dirigir", a vergonha o invade.

Imaginariamente, escreve Isildinha, o negro se vê e deseja ser o branco que jamais será marcado por tudo o que ele representa.

> Enquanto psicanalista, me propus explorar o modo como a realidade socio-histórico-cultural do racismo e da discriminação se inscreve na psique do negro. Isto é, debrucei-me sobre a questão de como se dá, para o negro, esse processo de se constituir

> como sujeito, na medida em que é afetado, desde sempre, por tais sentidos. (p. 183)

Nos últimos anos a questão racial no Brasil passou a ser vista como a raiz das desigualdades sociais e como um fantasma sádico onipresente. Atualmente, já há livros essenciais como *O Genocídio do Negro Brasileiro: Processo de um Racismo Mascarado* (Perspectiva, 2016), de Abdias Nascimento, *Racismo Estrutural* (Jandaíra, 2019), de Silvio Almeida, bem como o *Pequeno Manual Antirracista* (Companhia das Letras, 2019), de Djamila Ribeiro, entre outros. Faltava um livro sobre a psicanálise e o racismo com as complexidades e os conflitos psíquicos. Estava certa Françoise Dolto quando disse que "temos que pensar sobre isso". Com este livro a psicanálise e a cultura brasileira precisam levar em conta o poder do racismo, que marca o inconsciente de negros e brancos. Já no início a autora faz um alerta essencial sobre as injustiças históricas com os negros:

> Desde então, libertos do cativeiro, mas jamais libertos da condição de escravizados, de um estigma, os negros têm sofrido toda sorte de discriminações, que tem como base a ideia de serem os negros seres inferiores, portanto, não merecedores de possibilidades sociais iguais. (p. 39)

Parabéns, colega psicanalista Isildinha Baptista Nogueira; teu *A Cor do Inconsciente: Significações do Corpo Negro* alcançou plenamente seus objetivos de análise e denúncia.

Prefácio

Kabengele Munanga[1]

Mais de vinte anos já se passaram entre a publicação deste *A Cor do Inconsciente: Significações do Corpo Negro*, da psicanalista Isildinha Baptista Nogueira, e o texto original defendido como tese de doutorado no Instituto de Psicologia da Universidade de São Paulo. Era um trabalho inédito, produzido sobre um assunto pouco ou quase não explorado por psicólogos(as) e psicanalistas brasileiros(as), e numa época em que encontrar uma mulher negra nos corredores dos programas de pós-graduação da USP era raríssimo, se não impossível.

Nessa época, a temática sobre a situação do negro na sociedade brasileira já era motivo de muitos estudos e publicações, sobretudo na área das ciências humanas, apesar da inércia do mito de democracia racial. Mas todos esses trabalhos que muito contribuíram para denunciar o racismo, analisar suas manifestações e suas consequências nefastas, até apontar alguns caminhos de superação, se limitaram à "ponta do iceberg".

Faltavam às áreas que se debruçaram sobre a questão do racismo no Brasil (sociologia, antropologia, história, filosofia, entre outras)

[1] Doutor em Antropologia pela Universidade de São Paulo – USP, onde é professor do Departamento de Antropologia da Faculdade de Filosofia, Letras e Ciências Humanas.

as ferramentas apropriadas para explorar a base submersa e invisível da estrutura do iceberg onde se aloja o inconsciente que, como o próprio nome indica, escapa ao controle da consciência.

Sem dúvida, a luta pela libertação do negro passa necessária e absolutamente pela desconstrução das imagens negativas contra ele forjadas pela ideologia racista e pela reconstrução de novas imagens que o libertem da alienação e da negação de sua humanidade. Porém, a questão que se coloca e que está no cerne de *A Cor do Inconsciente* é saber como essa luta poderia ter êxito se as imagens e as representações negativas do corpo do negro introjetadas pela educação e por outros mecanismos súteis que participaram da configuração de sua psique não foram tocadas. *Pele Negra, Máscaras Brancas* (Ubu, 2020), de Frantz Fanon, alude a esse processo de alienação do negro, mas a reflexão à qual o livro de Isildinha nos convida é a de como tirar essas máscaras brancas se não temos acesso ao ateliê do artista que as fabricou, ateliê onde foi configurada a psique do negro na imagem da brancura que ele gostaria de incorporar para se libertar totalmente.

Na minha interpretação, o problema não está na máscara em si, mas no cérebro que a fabrica e cujo controle escapa à nossa consciência de luta como vítima do racismo. Como lutar contra um inimigo cujo processo de formação e de atuação não conhecemos? Precisamos descobrir como ele se constituiu e quais as estratégias que ele coloca em jogo para buscar os caminhos de sua libertação.

Embora consciente das conquistas das ciências sociais das quais lança também mão numa perspectiva interdisciplinar, Isildinha vai buscar outras fontes de análise e de explicação na abordagem da literatura psicanalista, área de sua formação e atuação profissional. Mas não para oferecer receitas prontas de combate ao racismo, que não existem, a meu ver, ou para questionar os resultados das pesquisas realizadas em outras áreas cuja contribuição ela não contesta, e sim para explorar outras disciplinas que lidam melhor com os fenômenos do inconsciente que configuram, até certo ponto, a psique de todas as vítimas, não apenas as vítimas de discriminação racial, mas também as de outras formas de discriminação, como o sexismo, o machismo, os fobismos etc. Partindo da hipótese de que o racismo afeta o negro não somente no plano sociológico, mas também no plano psíquico, que não é palpável e visível, ela entende que a literatura psicanalítica oferece ajuda e ferramentas de análise para cercar os fenômenos da constituição psíquica do sujeito atravessado pela alteridade. Com o apoio dos estudos de caso baseados em sua experiência como psicanalista negra, ela procura encontrar nas vivências e nos sintomas de alguns pacientes a marca da presença das configurações psíquicas peculiares aos sujeitos negros. As questões decorrentes, como a do processo de constituição de sua individuação prejudicada numa sociedade escravista na qual lhe foi negado o estatuto de indivíduo, por ser considerado apenas como "coisa", "peça" e "mercadoria", bem como a do abandono no qual ele foi projetado depois da escravatura, marginalizando-o do sistema produtivo numa economia capitalista em construção, impactaram negativamente na construção de sua identidade social enquanto negro e indivíduo pertencente ao grupo de negros. Consequentemente, em vez de se constituir como indivíduo no interior do corpo social como um todo, pelas identificações com seus semelhantes sociais negros, ele desenvolveu um horror ao se identificar com eles, pois representavam a humanidade inferior da qual queria fugir, e projetou sua salvação no desenvolvimento de uma identificação fantasmática com a "raça" dominante por meio do imaginário da brancura, muito bem ilustrado por Frantz Fanon no livro já mencionado. O corpo, como sede material de todas as nossas identidades, de "raça", de "etnia ou de cultura", de "sexo ou de gênero", de "classe social", de "religião" ou de "nacionalidade", entre outras, não é apenas um corpo natural com diferenças morfológicas que podemos enxergar, tocar e palpar. O corpo é mais do que isso, pois é uma categoria cognitiva, objeto de imaginações e de representações permeadas pelas ideologias e visões do mundo. O corpo é uma imagem considerada real como se reflete no espelho, mas o corpo é também uma imagem atribuída pelo semelhante, uma imagem percebida fora do corpo, que fala mais forte que a imagem do espelho e constitui as identidades atribuídas que muitas vezes são reivindicadas pelas próprias vítimas num contexto de dominação, nos ensina este livro. Disseram que nossos corpos negros são feios, introjetamos e aceitamos; que nossa pele preta é feia e fabricaram produtos químicos para clarear nossa pele, aceitamos e começamos a comprar esses produtos; disseram que o cabelo crespo é feio e fabricaram produtos para alisar o cabelo, o que aceitamos também; disseram que não somos inteligentes e criativos; não temos história e identidade. Aceitamos e começamos a produzir outras subjetividades sobre nossas vidas, partindo das imagens dos outros sobre nossos corpos. Para a psicanálise, nos ensina este *A Cor do Inconsciente*,

> o sujeito se define como uma estrutura marcada pela descontinuidade entre consciência e inconsciente. Tal descontinuidade implica que a dimensão do inconsciente escapa à consciência e aos processos cognitivos-reflexivos que lhe são próprios. Nesse sentido, o sujeito é afetado pelos processos inconscientes que o habitam e sobre os quais não pode exercer um controle consciente. (p. 77)

Não se trata de uma análise simplesmente teórica e especulativa sobre as significações do corpo negro através da literatura psicanalítica, que no caso do Brasil não existiu antes dos resultados da pesquisa que engendrou este livro. Estudos empíricos baseados em três casos de análise que compõem o último capítulo corroboram as hipóteses e confirmam a tese defendida pela psicanalista Isildinha sobre as significações do corpo negro no universo racista. Nesses três estudos de caso, suas entrevistadas, tanto brancas como negras, têm dificuldade de aceitar que ela, sendo uma mulher negra, possa ser uma psicanalista, pois no imaginário inconsciente e nas representações do corpo do(a) psicanalista, ela estava num lugar errado. No primeiro caso, a entrevistada branca, que tinha uma permissividade sexual descontrolada, achava que isso a aproximava do corpo da mulher negra, pois essa permissividade é, no imaginário e representações do corpo, uma característica do corpo negro e não do corpo branco. No segundo caso, a mulher negra que colocou sua filha negra numa boa escola particular de estudantes brancas(os) sofria muito porque sua filha não se comportava como uma menina branca que ela esperava, pois mal se relacionava com suas colegas brancas e tinha comportamento de rejeição do seu próprio corpo, não aceito pelas colegas brancas, ou seja, a autorrejeição do seu corpo não facilitava seu relacionamento com as colegas brancas da escola. O terceiro caso é o de uma moça negra de 25 anos, já inserida no mercado de trabalho, bem-sucedida, que tinha dificuldade quando era estudante de se aproximar da única colega negra da mesma escola, porque não se via como negra e, ao mesmo tempo, os brancos e as brancas não faziam parte do seu círculo de amizade por causa do seu corpo negro. Daí seu isolamento social, tanto do universo branco como no negro. Seu projeto de branqueamento, que viria através do casamento com um colega branco estrangeiro, lhe revela as dificuldades de aceitação do seu corpo negro pela família branca estrangeira do seu noivo.

O título deste livro recebeu alguns questionamentos críticos no início do processo do desenvolvimento da pesquisa. "Que absurdo! O inconsciente não tem cor", murmuraram algumas pessoas nos bastidores do Programa de Pós-Graduação em Psicologia da Universidade de São Paulo. Como algo invisível poderia ter cor e que cor? Preta, branca, amarela? Indagaram. No meu entender, a autora não queria, pelo título, sugerir que o inconsciente do indivíduo negro tem cor preta. O que está por trás desse título tem a ver com as representações e as significações do corpo dos negros e suas consequências na configuração de sua psique, que escapa ao controle de sua consciência e, portanto, impacta o processo de construção de sua identidade, individual e coletivamente. As conclusões da pesquisa não deixam dúvidas sobre as limitações que poderia sofrer a ação política dos negros na luta de combate ao racismo, por falta de consciência do processo de formação, em sua própria psique, das representações imaginárias e simbólicas de seus corpos. A ação política poderia fracassar por causa da sobrevivência inconsciente do mito da brancura nas próprias formas em que essa ação política se expressa.

O trabalho foi concluído e defendido em 1998, ou seja, 23 anos antes de sua publicação e cerca de três anos antes do início do debate nacional sobre as cotas e políticas de ações afirmativas para o acesso dos não brancos nas universidades públicas brasileiras. Com a conquista das políticas afirmativas poder-se-ia indagar se as conclusões dos resultados da pesquisa não estrariam superadas. Para mim, as conclusões se mantêm como se ela fosse realizada hoje, pois trata de um processo complexo do inconsciente cujo controle não temos. O fato de haver uma certa mobilidade social que ainda não é representativa, o fato de militarmos nos movimentos sociais e de lutarmos por uma educação multicultural que integra a história e a identidade do negro não nos libertou totalmente das imagens e representações negativas do branco sobre o negro, apesar de nossa consciência política. E o mais importante é ter consciência deles e dos desafios que nos apresentam e buscar os caminhos para desconstruí-los e construir novas imagens e novas narrativas positivas. Como? Creio que não pertence à psicanálise oferecer as receitas prontas a partir dos casos clínicos individuais. Mas ela oferece sua contribuição ao apontar as dificuldades e os desafios, estabelecendo diálogos com outras disciplinas humanas para não esfacelar o sujeito negro nas múltiplas facetas que deveriam convergir para sua libertação. Vistos desse ângulo, os resultados da pesquisa de Isildinha Baptista Nogueira não falam do negro de 23 anos atrás, e sim do negro de hoje e de amanhã, apesar de terem levado tempo para chegar ao prelo. Por que demorou tanto a publicação deste livro, resultado de uma pesquisa original, inovadora e enriquecedora? Pergunta delicada cuja resposta possível só viria da própria autora, que sabemos é psicanalista. O mais importante se deu, pois melhor tarde que nunca, e nossa esperança foi contemplada satisfatoriamente. Até onde vai minha informação, não conheço uma pesquisa feita com esse enfoque nas poucas teses e livros publicados na área de psicologia e psicanálise no Brasil.

Introdução

Transportados para o Brasil na segunda metade do século XVI, os negros provenientes de várias regiões da África, falando, portanto, diferentes línguas, são enviados ao trabalho escravo nas fazendas.

Por mais de três séculos, as principais atividades econômicas mercantes brasileiras basearam-se no trabalho do negro escravizado. A historiografia oficial nos conta que a substituição do braço escravizado indígena pelo do negro se deu por este apresentar maior resistência física e por ser mais dócil. O que essa historiografia não nos conta é que os negros resistiram violenta e sistematicamente à escravidão.

Evidentemente, era mais fácil submeter alguém à escravidão num meio geográfico e cultural desconhecido. Capturado no continente africano e transportado já na condição de escravizado, sofrendo todos os horrores, o negro era, assim, "preparado" para ser escravo; o tráfico vergava-lhe, física e moralmente.

A distribuição dos negros era feita de maneira tal que num mesmo ambiente de trabalho eram reunidos negros com línguas, culturas, tradições e religiões diversas, dificultando a comunicação entre os semelhantes. A aculturação era uma consequência normal entre culturas diferentes obrigadas a conviver. Os negros perderam progressivamente as identidades originais, mas, nesse processo de transculturação, surgiu uma nova identidade negra, resultado tanto da transculturação como da existência e criação de novas formas de resistência.

Vivendo em péssimas condições nas senzalas, brutalizados e animalizados pelos senhores, os negros se viam destituídos da sua condição de humanos; não faltaram estudos que os compararam aos animais, justificando, assim, as condições em que viviam como sendo "naturais".

Libertos da situação de cativeiro, quando da promulgação da Lei Áurea, continuaram, porém, excluídos, despossuídos. Todo o período que antecede a promulgação da lei se deu paralelamente às mudanças na ordem econômica e política que colocavam obstáculos à existência de um país escravagista no cenário mundial. Os abolicionistas mostravam grande indignação pelas condições de cativeiro dos negros, mas não puderam pensá-los como indivíduos que deveriam ser inseridos na sociedade. Assim, supunham que, saindo da condição de escravizado, o negro trabalharia como mão de obra remunerada para seu autossustento. Porém, grande parte do contingente de cativos libertos vagava desorientada, sem condições para seu autossustento, e sem trabalho no campo, que começava, então, a ser feito pelos imigrantes.

Dadas suas condições de vida, os negros são comparados a animais e vistos como incompetentes, preguiçosos e indolentes, quando comparados aos europeus que para cá vinham para trabalhar; restava aos negros o trabalho doméstico, situação que perpetuava a imagem anterior, em que o negro, tal como uma besta fera domesticada, trabalha em troca de ração.

Embora juridicamente capazes de ocupar um espaço na sociedade, os negros eram, de fato, dela excluídos e impedidos de desfrutarem de qualquer benefício social; foram marginalizados, estigmatizados, marcados pela cor que os diferenciava e discriminados por tudo quanto essa marca pudesse representar.

Desde então, libertos do cativeiro, mas jamais libertos da condição de escravizados de um estigma, os negros têm sofrido toda sorte de discriminação, que tem como base a ideia de serem os negros seres inferiores, portanto, não merecedores de possibilidades sociais iguais.

Ainda hoje, os negros representam 54% da população deste país, sendo facilmente identificados não pela sua cor, mas pelas péssimas condições de moradia, saúde e escolaridade que os acompanham.

Tendo que conviver com a mais cruel forma de discriminação, isto é, a de um racismo encoberto, sutil, em que, embora aparentemente e legalmente amparado e com os mesmos direitos de qualquer outro cidadão, o negro é tratado como se não o fosse, e responsabilizado pelo seu déficit em relação aos outros cidadãos: "os negros não têm força de vontade".

É sempre visto como bandido, sujo, incapaz, e, por mais esforços pessoais que tenha feito para conquistar um lugar social melhor, será um indivíduo marcado por essa cor que não o separa desses implacáveis sentidos de que o configuram o racismo e a discriminação.

Em função da minha formação como psicóloga, que atua no campo profissional como analista, e da minha condição de negra – herdeira, portanto, de todo esse passado histórico –, fui levada a refletir sobre a dimensão psíquica da questão do racismo e sobre as formas pelas quais essa realidade histórico-social do racismo determina configurações psíquicas peculiares no negro.

Como se dá, para o sujeito negro, a elaboração, no plano psíquico, dos sentidos que o racismo traz consigo? Senti necessidade de investigar tais processos porque minha hipótese é que vão além de uma pura e simples introjeção; tampouco podem ser explicados como simples consequência de um lugar de inferioridade econômica e social, embora essa seja a realidade que afeta a maioria da população negra, fruto do processo histórico que anteriormente comentamos.

Na situação atual, o negro pode ser consciente de sua condição e das implicações histórico-políticas do racismo, mas isso não impede que ele seja afetado pelas marcas que a realidade sociocultural do racismo deixou inscritas em sua psique.

Qual o efeito dessas marcas? Até que ponto não afetam a própria constituição do negro como sujeito? E, nesse caso, até que ponto sua afirmação da condição negra, na luta contra o racismo, não seria atravessada por sentidos não elaborados, obscuros, produtos dessas marcas?

O que pretendo aqui é levantar subsídios para a discussão dessas questões.

Teoricamente, tal perspectiva se justifica na concepção de que há uma interação dialética entre as representações sociais – ideologicamente estruturadas – que são produto das estruturas socioeconômicas e as configurações que constituem o universo psíquico dos indivíduos.

Tal perspectiva foi proposta, primeiramente, pelos feudo-marxistas, como nos coloca Sergio Paulo Rouanet, ao sintetizar o ponto central dessa concepção: "As condições socioeconômicas e a ideologia modelam a estrutura psíquica dos homens [...] e a consciência, assim estruturada, percebe o real de uma forma particular, transformando essa percepção em opiniões e ideias que correspondem às exigências sociais."[2]

Tal processo não é imediatamente verificável, pois as representações da estrutura psíquica dos homens não são puro reflexo das condições objetivas. As estruturas psíquicas são contaminadas pelas condições objetivas que receberão, no plano inconsciente, elaboração própria a partir das quais são assimiladas e incorporadas, tornando os sujeitos cativos e mantenedores de tais condições.

Cada contexto histórico, cada época, gera a estrutura psíquica necessária para sua manutenção; as estruturas psíquicas funcionam,

---

2. S.P. Rouanet, *A Razão Cativa*, p. 119.

assim, como o mediador entre as condições socioeconômicas e a ideologia, selecionando algumas percepções, excluindo outras, construindo, desse modo, as representações ideológicas que acabam por funcionar como estereótipos enquanto repertório de representações coletivas[3].

Os mecanismos de elaboração que, no plano inconsciente, entram em jogo na construção das representações ideológicas são da ordem do que Freud chamou de mecanismos de defesa, a operação pela qual o ego exclui da consciência os conteúdos que incorporem impulsos indesejáveis[4].

É o que se verifica no processo de identificação, em que o sujeito introjeta, parcial ou totalmente, por meio da imitação ou da incorporação, o objeto amado ou odiado, ou ambas as coisas simultaneamente, reagindo, assim, ao amor ou ao ódio pela incorporação das propriedades do objeto: tal processo funciona como mecanismo de defesa.

Tal mecanismo é o que ocorre, diz Rouanet, no que Anna Freud caracteriza como a identificação com o agressor, pelo qual "a criança introjeta algumas características de objetos externos geradores de angústia [...] [de tal forma que,] imitando o agressor, assumindo seus atributos ou reproduzindo sua agressão, transforma-se de pessoa ameaçada em pessoa que executa a ameaça"[5].

Isto é, cada incorporação de objeto, seja como maneira de preservar endopsiquicamente o objeto amado, ou como maneira de se defender do objeto hostil, implica na subversão da pulsão erótica ou agressiva, que impede ao sujeito a percepção da origem externa do material introjetado, que é, assim, vivido pelo sujeito como sendo autônomo. Assim, nas identificações pós-edipianas que formam o superego, o sujeito manterá a ilusão de seguir prescrições e proscrições autodeterminadas, quando estará, na realidade, seguindo

---

3. Ibidem, p. 120.
4. Sigmund Freud apud S.P. Rouanet, op. cit.
5. Anna Freud apud S.P. Rouanet, op. cit., p. 127.

"prescrições e proscrições heterônimas, que emanam da autoridade paterna introjetada e, através dela, do sistema social e político"[6].

É nesse sentido que este livro tem como objetivo investigar as formas pelas quais se dá, para o negro, no plano psíquico, a repercussão do racismo e da discriminação, e de que maneira tal repercussão do racismo que afeta o negro enquanto sujeito produz, para esse sujeito, configurações psíquicas peculiares.

As pesquisas que tratam da questão da negritude, em geral, se concentram no fenômeno do racismo e da discriminação como fatos sociais, e buscam analisar de que maneira se manifesta, socialmente, o preconceito contra os negros.

Minha hipótese, porém, é a de que tais fenômenos afetam o negro não só no plano sociológico, mas também no plano psíquico.

Penso que é importante compreender a natureza e os sentidos dos processos psíquicos que se passam no sujeito, a partir da experiência psíquica, porque esse é também um dos aspectos do fenômeno do racismo em sua totalidade.

Pretendo, com isso, contribuir para a discussão política da questão negra, por meio da proposta de consideração, na discussão dessa questão, de que os efeitos perversos do racismo transcendem os efeitos socialmente perversos em que se manifestam com maior visibilidade.

Pretendo, ainda, chamar a atenção para a necessidade de se trabalhar com a dimensão dessa vivência psíquica específica, própria dos negros, como uma das formas de resgate da condição subjetiva do negro, para além das reivindicações e lutas político-sociais.

Para o desenvolvimento desta obra utilizarei fundamentalmente a literatura psicanalítica. Recorro, primeiramente, a reflexões próprias do campo da sociologia e da antropologia, que me permitem questionar as condições em que o negro pode se representar como indivíduo na sociedade e, em segundo lugar, me permitem

---

6. S.P. Rouanet, op. cit., p. 127.

pensar a dimensão significativa do corpo negro no sistema simbólico da cultura.

Em seguida, para aprofundar tal questão e investigar o modo como tais processos se inscrevem na psique, recorro à literatura psicanalítica para, por meio das categorias teóricas pelas quais a psicanálise busca dar conta da constituição psíquica do sujeito enquanto atravessado pela alteridade, poder compreender o modo pelo qual se dá, para o negro, tal processo.

Para a psicanálise, o sujeito é inevitavelmente social e é no espaço da intersubjetividade que ele se constitui. As relações parentais, longe de se inscreverem aquém do social na sua amplitude, são relações em que o social como um todo está presente; por meio do discurso e das atitudes dos pais, a criança se vê confrontada com a ordem social como um todo, que está presente na linguagem que constitui a dimensão simbólica, na qual os sentidos sociais estão cristalizados.

As conceituações teóricas de que lanço mão são uma tentativa de buscar elementos capazes de explicar a natureza dos processos psíquicos que constituem a realidade subjetiva comum aos sujeitos negros.

Num segundo momento, por meio de estudos de casos, procuro encontrar, nas vivências e nos sintomas que se manifestam nos pacientes, a marca da presença de tais configurações psíquicas.

Parte I

Dimensão Sociocultural
da Condição de Negro

1.
A Constituição do Indivíduo na Sociedade

Gênese da Categoria de Indivíduo

Para discutir a noção de indivíduo, recorro à sociologia, que por sua vez se associa a outras disciplinas, como a psicologia, a história e a filosofia, para melhor visualizar a complexidade das relações e forças sociais.

A sociologia se encarregará do estudo das relações entre os indivíduos, cabendo às outras ciências a reflexão sobre o conceito de indivíduo.

Em *Temas Básicos de Sociologia*, Adorno e Horkheimer[1] dedicam um capítulo ao estudo do indivíduo. Os autores começam por pensar a origem do conceito de indivíduo na filosofia, a partir de Descartes, que introduz o conceito de autonomia do eu, no primado do "eu sou" e do "eu penso" independente dos sujeitos concretos, entendido por Descartes como *sum res cogitans,* por Fichte como *eu absoluto* e por Husserl como *consciência pura*. São visões que privilegiam o indivíduo isoladamente, e não em suas relações na sociedade. A filosofia pensou o indivíduo como algo concreto, autossuficiente, uma unidade com propriedades particulares. Dizem

---

1. T.W. Adorno; M. Horkheimer, *Temas Básicos de Sociologia*, p. 45.

os autores: "Indivíduo é a tradução latina do *atomon* materialista de Demócrito."[2] Para explicitar essa afirmação, citam Boécio:

> *Individuum* é aplicável de muitas maneiras: dá-se o nome de indivíduo àquele que não pode ser subdividido, de modo nenhum, como a Unidade ou o Espírito; chama-se indivíduo ao que, por sua solidez, não pode ser dividido, como o aço; e designa-se como indivíduo aquele cuja predicação própria não se identifica com outras semelhantes, como Sócrates.[3]

A definição de Boécio acerca do indivíduo busca o singular e o particular, que evoluíra com Duns Escoto, no início da Escolástica – momento em que, em contraposição ao universalismo medieval, se afirmam os estados nacionais. Escoto concebe o começo da individuação pela mediação da natureza humana geral, a *essentia communis*, com a pessoa individual, o *homo singularis*[4].

Leibniz, sem pensar historicamente a produção dos seres organizados sobre a Terra, definiu o indivíduo por meio do seu simples ser. É sua a teoria das mônadas, isto é, de uma substância simples, sem partes agregadas de outras substâncias, que constitui as coisas de que a natureza se compõe. Origina-se aí, segundo Adorno e Horkheimer[5], um modelo conceitual para a visão individualista do homem na sociedade burguesa. Segundo Leibniz: "As mônadas não têm janelas pelas quais possa entrar ou sair alguma coisa, e as modificações que nelas ocorrem não têm causas externas, mas derivam, outrossim, de um princípio interno."[6]

Já que a mônada conserva a propriedade de ser diferente de todas as outras, a sociedade será a somatória dos indivíduos singulares. Desse ponto de vista, a natureza de um ser coletivo é o modo

---

2. Ibidem, p. 46.
3. Boécio apud T.W. Adorno; M. Horkheimer, op. cit., p. 46.
4. T.W. Adoro; M. Horkheimer, op. cit., p. 46.
5. Ibidem, p. 47.
6. Gottfried W. Leibniz apud T.W. Adorno; M. Horkheimer, op.cit., p. 46.

de ser das entidades que o formam: "a essência de um exército não é outra coisa senão um modo de ser dos homens que o formam"[7].

Sob a ascendência da teoria da concorrência, isto é, do liberalismo, passou-se a pensar as mônadas como um ser em si, mas, graças à filosofia especulativa da sociedade, demonstrou-se que o indivíduo está socialmente mediado.

Surge, com Hegel, a ideia de que a individualidade, o isolamento, leva à loucura; precursor de tendências modernas na psiquiatria, o filósofo busca explicar que um dos motivos da doença mental é a falta de contato social; por outro lado, também o absolutismo sem limite, a resistência contra a individualidade, tem como resultado uma permanente luta de todos contra todos; consequentemente, ninguém desenvolverá verdadeiramente a sua própria individualidade, cada um pretendendo afirmar sua singularidade sem o conseguir, porque esbarra na singularidade do outro.

A visão individualista da filosofia foi se transformando numa ciência da sociedade, tendo as relações entre os indivíduos e a sociedade como seu tema central; surge então a sociologia como uma via de compreensão de tais relações.

O conceito de indivíduo como unidade social fundamental é posto em causa: "A vida humana é essencialmente e não por mera casualidade convivência."[8]

Isto é, o homem só se constitui como homem na relação com os seus semelhantes, e só por eles é o que é; portanto, ele não é uma indivisibilidade e unicidade primárias, mas está em constante participação e comunicação com os outros: "Mesmo antes de ser indivíduo o homem é um dos semelhantes, relaciona-se com os outros antes de se referir explicitamente ao eu; é um momento das relações em que vive antes de poder chegar, finalmente, à autodeterminação."[9]

---

7. T.W. Adorno; M. Horkheimer, op. cit., p. 47.
8. Ibidem, p. 47.
9. Ibidem.

Segundo Adorno e Horkheimer, isso se expressa por meio do conceito de pessoa, *persona*, termo romano para designar a máscara do teatro clássico.

A palavra *persona*, que em Cícero designava a máscara da personagem usada pelo ator, o papel a ser representado por alguém, passou a designar o cidadão nascido livre, como pessoa jurídica, em contraposição ao escravo.

Os autores lembram que, na Antiguidade, o conceito não tinha o sentido da individualidade substancial da personalidade; a primeira referência nesse sentido será encontrada em Boécio, no século VI[10].

O conceito personalista de pessoa tem origem nos dogmas cristãos, com a noção de imortalidade da alma individual; mas foi na Reforma protestante que a pessoa, composta num dado momento do desenvolvimento histórico do indivíduo, encontra sua enunciação social. No entanto, os autores ressalvam que não pretendem significar com essa afirmação que a concepção teológica tenha sido responsável pela transformação do sentido da palavra *persona* e nem que o desenvolvimento histórico-social do indivíduo tenha sua origem no cristianismo, tal como concebe Hegel na construção da história universal; mas observam que, até Hegel, a discussão teórico-sociológica do indivíduo acontecia nos limites desses princípios: "A definição do homem como pessoa implica que, no âmbito das condições sociais em que vive e antes de ter consciência de si, o homem deve representar determinados papéis com os seus semelhantes."[11]

Como resultado dessa representação de papéis, e em relação com os seus semelhantes, é que ele se constitui no que é. Os papéis, por outro lado, se definem na relação: mãe de, filho de, aluno de, professor de, médico de, paciente de. Isto é, as relações não são, para o indivíduo, algo extrínseco a ele, mas algo intrínseco que o determina como filho, aluno, doente etc.

10. Ibidem, p. 48.
11. Ibidem.

A pessoa, portanto, é, em primeiro lugar, uma entidade biográfica, uma categoria social, que só se define na relação com outras pessoas; em segundo lugar, a pessoa é um ser social: é no contexto social que a "máscara social da personagem" é também um indivíduo; e, em terceiro lugar, a relação entre o indivíduo e a sociedade está diretamente ligada à natureza.

O conjunto desses três momentos do indivíduo, no seu caráter dinâmico, gera leis que garantem a interação entre indivíduo, sociedade e natureza; cabe à sociologia observar como acontece essa interação.

Adorno observa que Marx e Engels enfatizaram essa necessidade que os homens têm da sociedade para a satisfação de suas necessidades vitais na natureza: "o primeiro pressuposto de toda a história humana é naturalmente a existência de indivíduos humanos vivos"[12].

Para Comte, a influência de certas condições naturais, geofísicas e climáticas incide diretamente nas condições sociais; nascia, assim, uma subdisciplina da geografia, a ecologia. Alguns estudiosos deram um valor absoluto às condições físicas da convivência humana, desviando o centro da investigação do campo social, relacional propriamente dito.

A sociologia clássica, portanto, está direcionada mais para a totalidade social e seu movimento do que para o indivíduo.

Adorno e Horkheimer apontam que não é aleatória a "doutrina do primado necessário do todo sobre a parte, expressa na Política de Aristóteles, e que se encontra pouco depois da definição formal do *zoon politikon*, isto é, da natureza social do homem"[13].

É na "convivência com outros que homem é homem", afirmação válida para Platão e Aristóteles, visto que para esses filósofos é na comunidade da *polis* que a natureza humana se realiza: "O homem não social só poderá ser um animal ou um deus."[14]

12. Karl Marx; Friedrich Engels apud T.W. Adorno; M. Horkheimer, op. cit., p. 56.
13. T.W. Adorno; M. Horkheimer, op. cit., p. 49.
14. Ibidem.

Essa ideia é retomada por Kant quando, numa referência direta à fórmula aristotélica, considera o homem um "ser destinado à vida em sociedade" e atribui-lhe uma "tendência associativa". Só em sociedade o homem é capaz de desenvolver todo o seu potencial natural. No entanto, as condições para tal desenvolvimento implicam não somente a convivência em si, mas uma convivência organizada. "O homem não foi predestinado à vida em rebanho, como os animais domésticos, mas em colmeia como as abelhas."[15]

Adorno observa que Hegel, embora um crítico rigoroso da filosofia prática de Kant, está de acordo com Kant no que diz respeito a essa ideia, mas, em sua crítica, aponta o fato de que a filosofia moral de Kant deu muito pouca importância aos conflitos societários, em favor da subjetividade abstrata da pessoa moral na sua unicidade.

A filosofia de Hegel contesta a ideia da pura individualidade, em que os indivíduos seriam seu próprio centro, como em Schlegel, para quem o homem se basta, tira de si mesmo todo sentido de ser sem qualquer limite imposto pela sociedade, uma individualidade que não se dá conta do outro, nem na imitação nem na identificação, e não está subordinada a nenhuma lei universal.

Adorno chama a atenção para uma certa semelhança entre Schlegel e Nietzsche. Na *Genealogia da Moral*, Nietzsche apresenta um "indivíduo soberano" que só é igual a si mesmo, "que voltou a libertar-se da moral dos costumes, um indivíduo autônomo e supermoral, o homem de vontade própria, extensa e independente, capaz de cumprir as suas promessas"[16].

Para a sociologia, a sociedade tem prioridade em relação ao indivíduo, concepção que se origina no momento da Revolução Francesa. É quando Auguste Comte fala de uma "impulsividade social da humanidade, em virtude de uma tendência instintiva para a vida em comum, independentemente de qualquer deliberação

---

15. Emmanuel Kant apud T.W. Adorno; M. Horkheimer, op. cit., p. 50.
16. Friedrich Nietzsche apud T.W. Adorno; M. Horkheimer, op. cit., p. 50.

pessoal e, com frequência, contrária aos interesses individuais mais vigorosos"[17].

O conceito comtiano de indivíduo como categoria da sociedade está próximo de uma ideia ainda hoje corrente de que o indivíduo é um dado da natureza, tendo como premissa o fato de que todo homem vem ao mundo como indivíduo, como ser biológico; portanto, sua natureza social seria secundária.

A natureza biológica é um fato e a sociologia crítica leva em conta esse fator, para não privilegiar tão somente a comunidade social. No entanto, o conceito de individuação biológica é muito vago e indeterminado, não possibilitando a expressão do que os indivíduos efetivamente representam.

A existência natural do indivíduo é mediatizada pelo gênero humano e, consequentemente, pela sociedade; portanto, o indivíduo não é só uma entidade biológica.

Anteriormente, a linguagem filosófica e a linguagem comum definiam o indivíduo como "autoconsciência": "Só é indivíduo aquele que se diferencia a si mesmo dos interesses e pontos de vista dos outros, faz-se substância de si mesmo, estabelece como norma a autopreservação e o desenvolvimento próprio."[18]

No entanto, a autoconsciência da singularidade do eu não é suficiente por si só para fazer um indivíduo; o indivíduo é uma autoconsciência social.

Adorno e Horkheimer citam a definição de Hegel para autoconsciência: "a verdade da consciência do próprio eu", mas "a sua satisfação só é alcançada numa outra consciência"[19].

Nessa relação de uma autoconsciência com outra, o indivíduo aparecerá como nova consciência, da mesma forma que o universal, a sociedade, como uma unidade das mônadas, só se fará presente na medida em que "o eu somos nós e nós o eu". "O trabalho do

17. Auguste Comte apud T.W. Adorno; M. Horkheimer, op. cit.
18. T.W. Adorno; M. Horkheimer, op. cit., p. 52.
19. Georg W.F. Hegel apud T.W. Adorno; M. Horkheimer, op. cit., p. 56.

indivíduo para as suas necessidades tanto é satisfação das suas necessidades como das dos outros; e a satisfação das suas necessidades só é conseguida em virtude do trabalho dos outros."[20]

Adorno lembra que esse motivo reaparece em Marx: "O homem Pedro só se refere a si próprio como homem através da relação com o homem Paulo, seu semelhante."[21]

A crença na independência absoluta do ser individual com relação à sociedade como um todo é falsa, concluem os autores.

O indivíduo como um ser social é o contrário do ser natural, porque no seu processo de desenvolvimento ele se distancia paulatinamente das relações naturais, por estar desde a sua gênese referido à sociedade. "Quanto mais o indivíduo é reforçado, mais cresce a força da sociedade, graças à relação de troca em que o indivíduo se forma."[22] Mas as relações entre indivíduo e sociedade são tensas e conflituosas.

A sociologia enfatizou a força da sociedade sobre o indivíduo, como um alerta contra a ilusão de que o homem chegou ao que é por sua própria atuação, natureza e psicologia. Essa visão sociológica mostra uma sociedade que pressiona violentamente o indivíduo, e as reações individuais são contidas de modo a esconder as responsabilidades da sociedade, que as coloca como um problema de ordem psicológica.

Poderíamos pensar que a visão sociológica tende a reduzir o homem a um ser genérico, ainda que ser genérico de uma organização complexa onde o homem é um representante impotente dessa sociedade. Mas, evidentemente, o conceito puro de sociedade é tão abstrato quanto o de indivíduo, portanto, a oposição entre sociedade e indivíduo deve ser considerada com especial atenção. É preciso uma análise das relações sociais e da configuração que o indivíduo assume nessas relações.

20. T.W. Adorno; M. Horkheimer, op. cit., p. 52.
21. Karl Marx apud T.W. Adorno; M. Horkheimer, op. cit., p. 52.
22. T.W. Adorno; M. Horkheimer, op. cit., p. 53.

A compreensão da relação entre indivíduo e sociedade tem sido evitada pela sociologia positivista, com sua concepção de que "o homem só atinge a sua existência própria como indivíduo numa sociedade justa e humana"[23].

Mas, com o advento da concorrência, a falta de limites das ordens correlativas e o início da revolução técnica na indústria, se desenvolveu uma dinâmica social na sociedade burguesa que obriga o indivíduo econômico a lutar inexoravelmente por interesses de lucro, sem pensar no bem coletivo.

A ética protestante e o conceito burguês-capitalista de dever reforçam esse tipo de atuação: "O ideal antifeudal da autonomia do indivíduo compreendia a autonomia da decisão política dos indivíduos; no contexto econômico, porém, transformou-se numa ideologia que exigia a manutenção da ordem vigente e o constante recrudescimento da capacidade de realização produtiva."[24]

Uma vez interiorizado esse ideal, a realidade se transforma "em aparência e a aparência em realidade"; surge então a existência absolutamente solitária do indivíduo, dependente da sociedade, que o tolera e o anula simultaneamente: "O meio ideal da individuação, a Arte, a Religião, a Ciência, retrai-se e depaupera-se como posse privada de alguns indivíduos, cuja subsistência só ocasionalmente é garantida pela sociedade."[25]

Assim, a sociedade, que se constituiu como conceito e práxis em função do desenvolvimento do indivíduo, desenvolve-se à revelia dele, se distanciando cada vez mais do indivíduo, que ignora esse funcionamento do qual está intrinsecamente dependente[26].

23. Ibidem.
24. Ibidem, p. 55.
25. Ibidem.
26. Ibidem.

A Constituição do Indivíduo na Classe

Tal hiato entre indivíduo e sociedade será ultrapassado pelo conceito de classe social, que permite pensar a constituição do indivíduo na classe.

Entre os estudiosos dessa questão, em especial os marxistas, não há um consenso em torno do conceito de classes sociais, nem mesmo na obra de Marx encontramos o seu significado definido, afirma Ridenti[27].

O termo "classe", em Marx, aparece em vários sentidos: tanto num sentido "genérico-abstrato", quanto num sentido "específico-particular". No primeiro, se destacam as determinações comuns e gerais, próprias de cada época; no segundo, "o fenômeno específico determinado pela produção capitalista moderna"[28].

Num sentido mais amplo, o termo classe identifica os grandes grupos humanos que lutam e se relacionam entre si para a produção do sustento próprio, criando relações de dominação, apropriando-se do excedente gerado para além do mínimo necessário para a subsistência.

Dessa forma, as classes estão presentes em todas as sociedades, não importa se estruturadas em castas ou estamentos ou nas sociedades de classe modernas. É nesse sentido, diz Ridenti, que foi formulada a conhecida frase do Manifesto Comunista (1847): "a história de todas as sociedades até nossos dias tem sido a história das lutas de classe"[29].

A rigor, só faria sentido falar em classes nas sociedades industriais capitalistas quando aparece uma classe burguesa, que detém em suas mãos a propriedade dos meios de produção. Essa classe investe capital para valorizá-lo mediante a extração de um

---

27. M. Ridenti, *Classes Sociais e Representações*, p. 13.
28. Ibidem.
29. K. Marx, F. Engels, *Manifesto do Partido Comunista*, p. 10. Disponível em: <https://www.expressaopopular.com.br/>.

sobretrabalho não remunerado, dado pelo emprego de uma classe de trabalhadores assalariados, "livres", sem propriedades e sem vínculos com os patrões ou com a terra ou outros meios de produção. São trabalhadores obrigados a vender sua força de trabalho para sobreviver, e só formam uma classe propriamente dita quando se associam para lutar contra a exploração a que são assujeitados. Nesse sentido específico, apareceriam as classes em *O Capital*, de Marx.

Seria impróprio, diz Ridenti, pensar, como sugerem alguns autores, a questão da "classe em si", porque na realidade isso implicaria pensar questões que dizem respeito à prática política e à inter-relação entre "classe em si" e "classe para si"; nesse caso, seria um artifício analítico, porque é impossível fazer uma separação do econômico e do político. Em *O Capital* e outros livros de Marx, pode-se concluir que seriam três as "grandes classes": a "classe dos capitalistas", proprietários de capital; a "classe dos proprietários", fundiários e proprietários de terra; e a "classe dos trabalhadores assalariados", detentores da força de trabalho. Tais classes têm como rendimentos, respectivamente, o lucro, a renda da terra e o salário.

Logo, são três as grandes classes ligadas ao modo de produção capitalista; são as únicas que poderiam ser chamadas de classe em sentido estrito.

Além das três classes em sentido estrito, Marx fala de classes intermediárias e de transição. Ridenti, citando Ruy Fausto, dá um apanhado das classes sociais fora do âmbito das três classes básicas, com base em diferentes obras de Marx.

Com exceção do que modernamente se convencionou como lumpemproletariado – formado por marginais ao sistema produtivo, mendigos, ladrões, prostitutas etc., que conseguem seus rendimentos de maneira estranha às relações capitalistas –, as classes, fora do âmbito das três principais classes, seriam:

1. A classe dos camponeses e artesãos, que se formam a partir das relações de circulação simples; são produtores de mercadoria.

2. A classe de trabalhadores improdutivos, que não estão fora do sistema, mas não estão ligados à produção simples – fazem parte da "exterioridade no sistema". É o grupo que Marx chamou de "improdutivos políticos": os assalariados do Estado e os domésticos, cujos salários são oriundos dos rendimentos do sistema (lucro, renda fundiária e salário).

3. A classe dos trabalhadores que estão inclusos no processo produtivo, mas que excedem a classe dos trabalhadores assalariados por estarem além de certos limites de qualificação ou de poder no processo de trabalho ou de remuneração.

4. E, por último, o grupo dos profissionais liberais, advogados, médicos, artistas etc. O trabalho desses profissionais liberais não implica uma relação salarial, porque o profissional liberal é dono dos seus meios de produção, ele presta ou vende serviço.

Sabe-se que o dinheiro funciona como mediação necessária das relações sociais no capitalismo, é um "equivalente geral que representa a intercambialidade de todas as mercadorias entre si"[30].

As mercadorias se apresentam como tendo valor em si mesmas, valor representado na relação de troca pelo preço da mercadoria. A relação cambial é mediadora da troca; dessa forma, evidencia-se o valor que nunca é o que na verdade é, o resultado do trabalho social: "A forma do valor (valor de troca) oculta necessariamente seu conteúdo: as relações sociais de produção, ou relações de trabalho entre classes opostas, aparecem como relações entre coisas trocadas no mercado e que valem em si mesmas."[31]

As relações sociais no modo de produção capitalista se apresentam sob a forma de relações naturais entre as coisas.

No modo de produção capitalista, a mercadoria assume um caráter místico e fantasmagórico, que encobre os fundamentos

30. M. Ridenti, *Classes Sociais e Representações*, p. 87.
31. Ibidem, p. 86.

das relações de classe. Marx chamou esse processo de fetichismo da mercadoria: "as relações sociais de classe no capitalismo são representadas pelas relações de troca de mercadorias entre supostos proprietários 'livres e iguais' para competir no mercado"[32].

A representação da qual se fala encobre o conflito entre o capital e o trabalho, que subjaz nas relações de concorrência mercantil; por si só a representação não dá conta de promover e conciliar os interesses de classe, nem tão pouco gera uma relação harmoniosa entre capital e trabalho.

Todos os conflitos e competições são mediados por uma instância superior, o Estado. O Estado assume uma representação do conjunto da sociedade, não expressando nunca as incompatibilidades sociais. O Estado se apresenta como "uma forma autônoma", neutra e acima dos interesses dos indivíduos que se fazem representar nele. Ele aparece como uma força superior que está localizada fora dos indivíduos; Marx chamava isso de "coletividade ilusória", que paira acima dos interesses particulares e gerais, fetichismo do Estado.

O Estado não só aparece como representando o bem comum, como também na posição de guardião da vontade de todos os cidadãos, mantendo-se acima deles, agindo de maneira neutra e imparcial, o que o autoriza a resolver as "pendências entre os sujeitos de direito, elaborando, julgando e depois executando leis gerais", hipoteticamente em benefício da sociedade como um todo.

Cumpre, portanto, a ele, uma função mediadora entre indivíduos-cidadãos-proprietários, sem distinção de classe.

A execução e formulação das leis que regem o Estado são assumidas pelos cidadãos que elegem representantes nos poderes legislativo e executivo: "graças a essa operação ideológica, os membros da sociedade civil se mostram aglutinados numa comunidade originária, a encobrir suas diferenças efetivas"[33].

---

32. Ibidem, p. 88.
33. José Arthur Gianotti apud M. Ridenti, op. cit., p. 92.

Isto é, a representação dos cidadãos no Estado é mediada pelos seus representantes políticos; dessa forma está posta a possibilidade de representação de diferentes indivíduos, de diferentes classes, dentro do Estado.

Existe uma idealização, ou melhor, uma mistificação das classes sociais, quando se fazem representar no Estado por meio de partidos, sindicatos ou lideranças isoladas; cada classe busca priorizar sua individualidade através das organizações que a representam, negando as bases diferenciais em que se baseiam.

O Estado, portanto, a partir dessa perspectiva, é o resultado dos antagonismos de uma sociedade civil. Ele aparece como uma entidade acima de qualquer diferença, representante do conjunto da sociedade, uma entidade acima de interesses particulares, como se tivesse vida própria e não fosse o resultado das diferenças de classe.

Ele é a representação política de uma sociedade civil em que a burguesia é a classe dominante, que exerce seu poder não só econômico, mas político, cultural, ideológico etc. Sua hegemonia enquanto classe não é só porque detém o poder político e econômico, mas porque seus valores e ideias são dominantes e preservados pelos dominados até quando lutam contra a dominação exercida pela burguesia.

Para Marx, uma classe se constitui como "classe para si" quando propõe a sua organização política por meio de um processo de conscientização e tomada do poder político. A representação seria, portanto, parte do processo de vir a ser da classe como tal "em si" e "para si".

O Lugar do Negro na Sociedade

A partir das considerações teóricas até aqui apresentadas, gostaria de levantar algumas questões relativas ao lugar do negro na sociedade. Para tanto, cito uma passagem de Lilia Schwarcz que aponta para um aspecto que, a meu ver, pode explicar os fenômenos que pretendo apontar. O título do artigo de Schwarcz, "Ser Peça, Ser Coisa: Definições e Especificidades da Escravidão no Brasil", já designa aquilo que, penso, está na gênese da dificuldade da constituição do lugar social do negro:

> É conhecido um documento que orienta os proprietários na compra de "novas peças" e alerta para o perigo de calotes. Assim aconselha o Manual do Fazendeiro ou Tratado Doméstico sobre as Enfermidades, escrito em 1839 por I.B.A. Imbert: "Circunstâncias a que se deve orientar toda a pessoa que deseja fazer uma boa escolha de escravos: pele lisa, não oleosa, de bela cor preta, isenta de manchas, cicatrizes ou odores demasiado fortes; com as partes genitais convenientemente desenvolvidas: isto é, nem pecasse pelo excesso, nem pela cainheza; o baixo-ventre não muito saliente; nem o umbigo muito volumoso; peito comprido, profundo, sonoro, espáduas desempenadas, sinal de pulmões bem colocados; pescoço em justa proporção com a estatura, carnes rijas e compactas; aspecto de ardor e vivacidade: reunidas ter-se-á um escravo que apresentará ao senhor todas as garantias desejáveis de saúde, força e inteligência."[34]

Em função desse passado histórico, marcado pela desumanização que, como consequência, constitui um obstáculo à construção da individualidade social, o negro tem o seu processo de tornar-se indivíduo comprometido. Embora haja um processo efetivo em o negro buscar constituir-se como tal, tal processo é conturbado e esbarra em inúmeras dificuldades.

O passado histórico da escravidão é constitutivo desse processo. Pois, como diz Schwarcz: "fazer história não é um exercício exclusivo do passado ou nomear heróis em lugar de questões que levem à nossa própria reflexão. A escravidão existente no Brasil faz parte do passado e do presente, já que se inscreve em nossas religiões mestiças, em nossos costumes e preconceitos"[35].

34. Ser Peça, Ser Coisa, em L.M. Schwarcz; L.V.S. Reis (orgs.), *Negras Imagens*, p. 14.
35. Ibidem, p. 28.

Se o negro, de um lado, é herdeiro desse passado histórico que se presentifica na memória social e que se atualiza no preconceito racial, vive, por outro lado, numa sociedade cujas autorrepresentações denegam esse mesmo racismo, camuflando, assim, um problema social que produz efeitos sobre o negro, afetando sua própria possibilidade de se constituir como indivíduo no social; portanto, não se discute o racismo que, na condição de um fantasma, ronda a existência dos negros.

Se antes de ser indivíduo o homem é um ser entre semelhantes, que se relaciona com os outros, enquanto seres iguais, antes de se referir a si mesmo, em que condições uma mercadoria, uma "peça", pode se autorreferenciar no outro?

Esse processo de desumanização pelo qual passou o negro tem como consequência, conforme apontei, bloquear o processo de constituição da individuação, na medida em que bloqueia a possibilidade de identificação com os outros nas relações sociais. A única esfera de identificação possível seria com os outros negros, todos identificados entre si e pela exterioridade social como não indivíduos sociais, porque "coisas", "peças", "mercadorias" possuídas por aqueles que, estes sim, eram indivíduos na sociedade.

A instituição da escravidão construiu, para os negros, a representação segundo a qual eram seres que, pela sua "carência de humanização" (porque portadores de um corpo negro, que expressava uma "diferença biológica"), inscreviam-se na escala biológica num ponto que os aproximava dos animais e coisas, seres esses que, legitimamente, constituem objetos de posse dos "indivíduos humanos".

O negro não era persona. Não era um cidadão nascido livre, como pessoa jurídica; na condição de escravizado, não era pessoa; seu estatuto era o de objeto, não o de sujeito. Assim, o negro foi alijado do corpo social, única via possível para se tornar indivíduo.

Mais tarde, com a abolição da escravatura e a constituição da República, a condição jurídica de cidadão foi estendida aos negros.

Mas, como inscrever-se, ao nível das representações, nesse lugar social se, até "ontem", estava-se excluído dele?

Por outro lado, tal momento coincide com a fase inicial do modo de produção capitalista no Brasil. Assim, o negro se vê na situação de, ao mesmo tempo em que adquire o estatuto de cidadão, entrar no registro social da categoria de trabalhador livre, proprietário de sua força de trabalho que, assim, pode livremente vendê-la no mercado. Mas, como entrar nesse registro se até outro dia não se pertencia à categoria dos agentes econômicos, já que se estava catalogado nas outras categorias – mercadoria e/ou bem de capital (isto é, instrumento de produção) –, em suma, na categoria das *coisas*?

Sabemos que só faz sentido falar em classe em sociedades industrializadas. No entanto, o negro já tinha, na escravidão, um trabalho no campo, além de ser artesão ou serviçal doméstico. Em tese, estavam dadas as condições para que os negros, identificando-se entre si pela ocupação de um mesmo lugar social, determinado por sua condição de "força de trabalho", se autorrepresentassem como classe, por contraste com outros grupos sociais em relação aos quais se diferenciariam pela posição social e interesse. Mas, na realidade, a emergência de tal tipo de representação de classe era aí impossível, dado o fato de que faltava aquilo que é sua premissa básica: o estatuto de indivíduo, persona, o que para o negro, escravizado, estava excluído.

A libertação da escravatura não significou, para o negro, ingresso na classe trabalhadora; ao contrário, tal processo foi vivenciado como um abandono: abandonado pelos senhores, ele se tornava um peso, um excedente na estrutura social.

O negro, consequentemente, veio a pertencer ao lumpemproletariado; mesmo atualmente, grande parte da população negra se encaixa nessa categoria, ou, pelo menos, é assim que, nas representações sociais, se constitui a imagem da população negra.

Após o período abolicionista, a grande massa negra, portadora de uma força de trabalho não qualificada relativamente ao processo industrial, permaneceu literalmente à margem do processo de socialização porque alijada do processo de produção.

É nesse sentido que pretendo aqui pontuar, simultaneamente, dois aspectos: de um lado, a dificuldade, para o negro, de construir sua identidade social enquanto negro, indivíduo pertencente ao grupo dos negros; de outro, o mesmo tipo de dificuldade em se constituir como indivíduo no interior do corpo social como um todo, pelas identificações com seus semelhantes sociais. Tais dificuldades são o subproduto, de um lado, do "não lugar" social do escravizado, cuja identidade não correspondia a um lugar de sujeito, no corpo social, mas a um lugar de "peça", objeto; de outro, ao fato de que, tendo adquirido, pós-escravidão, o estatuto jurídico de cidadão, portanto, o reconhecimento de seu lugar de indivíduo social, não pôde, por outro lado, identificar-se com esse lugar no plano socioeconômico.

A consequência disso é que o negro, no seu processo de tentar se constituir como indivíduo social, desenvolveu um horror a se identificar com seus iguais, pois estes representam, para ele, o retorno de um sentido insuportável, que tenta recalcar: a gênese histórico-social de sua condição de negro, que o remete ao estatuto de "peça", em primeiro lugar; ao estatuto de *lumpem*, em segundo lugar.

Como resposta, o negro desenvolve uma identificação fantasmática com a classe dominante, cujo emblema é o ideal imaginário da brancura. Nesse processo, o negro talvez reproduza aquilo que, segundo Adorno, é o enunciado tácito que a dominação produz: "os negros, é preciso conservá-los em seu lugar"[36].

Que lugar é esse?

---

36. T.W. Adorno; M. Horkheimer, *Dialética do Esclarecimento*, p. 157.

2.
As Representações Sociais

A Cultura Como Sistema de Significações

As categorias de indivíduo ou de classe, embora se constituam a partir das estruturas sociais e econômicas, são inseparáveis das formas de representação pelas quais as "mônadas" podem se reconhecer como indivíduos na sociedade e como membros de uma determinada classe.

É no campo da antropologia que a vida social é pensada como um sistema de significações, que corresponde à noção de cultura. A cultura funciona como uma grade que incide sobre um território indistinto, seccionando aí partes e estabelecendo, entre as partes, contrastes e diferenças de que resulta a constituição do sentido. É o que nos fala José Carlos Rodrigues em *O Tabu do Corpo*:

> essa atribuição de sentido ao mundo só se torna possível porque a sociedade é, ela mesma, um sistema estruturado cujos componentes relacionam-se segundo uma determinada lógica, lógica esta que é introjetada nas mentes dos indivíduos e, por esse caminho, "projetada", sobre o mundo, na medida em que este, para ser apreendido pelos indivíduos, deve ser representado em suas mentes e, portanto, "concebido"[1].

1. J.C. Rodrigues, *Tabu do Corpo*, p. 43.

Existe na antropologia, modernamente, uma tendência a visualizar a vida social como um sistema em que a razão de ser dos elementos que o constituem é significar; as relações entre esses elementos significantes são produtoras de significação[2].

Segundo Rodrigues, Lévi-Strauss, ao propor, no campo da antropologia, tomar-se como ponto de referência a teoria saussuriana da linguagem, pôs em jogo uma concepção da sociedade humana que tem como principal característica o postulado de que: "o comportamento e as relações sociais constituem uma linguagem"[3].

Baseando-se em Lévi-Strauss, Rodrigues diz que a ciência social contemporânea tem uma orientação mais próxima da sociedade humana, tendo em vista que o objeto da linguística é, entre os fatos sociais, o mais legitimamente humano[4].

Um dos pontos que fundamenta a teoria de Lévi-Strauss é que a atividade do espírito humano é a de um estruturador inconsciente, como um regulador entre o homem e o mundo, não para o simples controle da natureza ou dos eventos, mas porque necessita determinar e sistematizar.

A cultura, para Lévi-Strauss, é o resultado privilegiado da atividade do espírito humano, na medida em que consiste "na substituição do aleatório pelo organizado, assegurando assim a existência do grupo humano como grupo"[5].

A função desse processo de organização que a cultura envolve, diz Rodrigues, corresponde à necessidade, para o homem, de atribuir sentido, e se manifesta, no sistema de significações que constituem a estrutura cultural da sociedade, como o:

> reconhecimento de que em sutis diferenças e nuances de olhar, de posturas, de maneiras de cumprimentar, de atividades econômicas,

2. Ibidem, p. 9.
3. Ibidem.
4. Ibidem.
5. Ibidem, p. 10.

de procedimentos rituais, exprime-se um juízo acerca das relações que existem entre quem se olha, se comporta, se cumprimenta, trabalha ou age e acerca do relacionamento entre estes e outros que não se relacionam diretamente com os primeiros.[6]

Para a teoria antropológica de Lévi-Strauss, a organização se funda num conjunto de normas que se fixam, instituem e estabelecem valores e significações que facilitam a comunicação dos indivíduos e grupos de um dado terreno comum, de modo que as relações sociais que aparecem como resultado de uma realidade "objetiva" só se dão dessa forma porque são "concebidas"; enquanto concebidas, não formam uma realidade "objetiva", porque só existem na consciência ou inconsciência de um sujeito particular.

Sendo assim, a sociedade é, fundamentalmente, concebida; não é uma "coisa", é uma construção do pensamento, uma entidade com sentido e significação: "A cultura, distintivo das sociedades humanas, é como um mapa que orienta o comportamento dos indivíduos em sua vida social."[7]

O conjunto das representações que constituem a cultura está condicionado a uma lógica que determina que viver em sociedade é estar "sob a dominação dessa lógica": os indivíduos se comportam segundo essa lógica, muitas vezes sem ter consciência disso. Daí resulta que a vida coletiva, assim como a vida psíquica dos indivíduos, se faz de representações, ou seja, de figurações mentais. Os sistemas de representação historicamente existentes tiveram sua origem no relacionamento dos indivíduos e dos grupos sociais entre si, processo que se dá de forma complexa: não corresponde a uma relação causal simples, mecanicista e empírica, mas depende de fatores os mais diversos.

Quando estabelecidos os sistemas de representação, sua lógica passa a ser introjetada, pela educação, nos indivíduos, de maneira

---

6. Ibidem.
7. Ibidem, p. 11.

a estabelecer, nesses, semelhanças essenciais que a vida no coletivo presume e que constitui a garantia de homogeneidade para o sistema social: é o que garante o processo de socialização dos indivíduos.

Os sistemas de representação são, em geral, pensados como originados da morfologia social, isto é, das formas da vida social, mas essa relação não é tão direta quanto possamos ser tentados a pensar. As criações míticas, artísticas, rituais, as crenças, os valores e os costumes, diz Rodrigues, "não têm um caráter instrumental e pragmático, mas sim metafórico e metonímico, inconscientes no maior número de vezes possível"[8].

As representações, segundo Rodrigues, funcionam como redes, cujas malhas instauram os domínios da experiência para além de um terreno anteriormente indiferenciado e estabelecem os limites dos comportamentos dos indivíduos e dos grupos: "como códigos constituídos, aplicam-se a esses componentes para decifrá-los, pois, ao dividir os domínios da experiência, os sistemas de representação estabelecem cortes e contrastes e instituem diferenças"[9].

Citando Saussure, Rodrigues reitera que é a diferença que faz o sentido. Os sistemas de representação, ao funcionarem dessa forma, se transformam em sistemas de classificação; daí o dito "mundo real" ser inconscientemente construído "a partir dos códigos da sociedade".

A natureza humana não sabe lidar com o caos; o homem tem medo de se ver frente àquilo que ele não controla, seja tecnicamente ou simbolicamente:

> Tudo o que representa o insólito, o estranho, o anormal, o que está à margem das normas, tudo o que é intersticial e ambíguo, tudo o que é anômalo, tudo o que é desestruturado, pré-estruturado e antiestruturado, tudo o que está a meio caminho entre o que é próximo e previsível e o que está longínquo e fora de

---

8. Ibidem, p. 12.
9. Ibidem.

nossas preocupações, tudo o que está simultaneamente em nossa proximidade imediata e fora do nosso controle, é germe de insegurança, inquietação e terror: converte-se imediatamente em fonte de perigo.[10]

Desse modo, a cultura funciona, para o homem, como um escudo que o protege da possibilidade de ter uma experiência que escape ao estabelecido pelas codificações do grupo social, defendendo-o do pavor do isolamento e da desordem, dando legitimidade às estruturas institucionais.

Contraditoriamente, a sociedade precisa de fenômenos que ela mesma rejeita, pois é através deles que expressa sua positividade, é por contraste com esses fenômenos que seus conteúdos expressos ganham sentido.

A cultura, portanto, funda a "natureza do homem", que tem como base as condições orgânicas e sociais dialeticamente relacionadas: "Não há comportamento humano fora da cultura, ou resultante de qualquer abstração que se faça desta."[11]

A cultura se identifica como tal em oposição à natureza, assim como uma cultura em particular se reconhece como tal em oposição a uma outra cultura. É a relação dual entre natureza e cultura que traça o perfil de um sistema social e o estabelece como um bloco significativo. Esse bloco significativo tem suas divisões internas que vão significar outros contrastes e outras oposições. O sagrado e o profano fazem parte desse bloco, como os mais importantes "articuladores do sentido na estrutura social".

O sagrado se faz representar por objetos de interdição; em contrapartida, o profano é aquilo a que essas interdições se aplicam. A relação que se estabelece com o sagrado é não permitir que esse entre em contato com o profano: "Essas duas interdições configuram o que, na literatura etnológica, classificou-se de tabu.

10. Ibidem, p. 15-16.
11. Ibidem, p. 19.

O tabu isola tudo o que é sagrado, inquietante, proibido, ou impuro; estabelece reserva, proibições, restrições; opõe-se ao ordinário, ao comum, ao acessível a todos."[12]

Objetos e pessoas tabu exercem uma força e energia extraordinária, sempre pronta a recair sobre o transgressor que não se armou dos cuidados rituais de conduta frente ao objeto sagrado.

O sagrado tanto expressa o que é importante positivamente como negativamente para a estrutura social, pois a ordem dessa estrutura depende do respeito ou temor a determinadas ideias, coisas, pessoas ou símbolos.

Essa distância entre sagrado e profano não é a única forma de manifestação da distância social, que se manifesta também no contraste entre o *distante* e o *próximo*.

Quando alguém representa o não viável, o não desejável (por exemplo, "burro", "vagabundo", etc.), ele deve ser distanciado, sempre em tons ofensivos.

Da mesma maneira, tons elogiosos aproximam o que é visto como desejável (por exemplo: "fulano é um anjo"). O sistema de distanciamento é defendido, diz Rodrigues, por uma série de racionalizações ideológicas ("pureza de sangue", "destino", "ordem das coisas", "vontade de Deus", "igualdade de oportunidades") e por uma simbologia que lhe credita uma energia especial (mana), própria do sagrado, de maneira a fazer com que os extremos coincidam com os polos do sagrado[13].

Desse modo, no dia a dia, o indivíduo estabelece um conjunto de tipificações que lhe dão uma consciência de "nós" relativamente a um grupo de indivíduos que se reconhecem como pertencendo ao mesmo grupo, com coisas comuns, até indivíduos com quem se relaciona vagamente, indiretamente, abstrações anônimas, em relação aos quais ele não se vê em um "nós", não se reconhecendo como elemento desse grupo. A estrutura social supõe o conjunto de tipificações polares.

12. Ibidem, p. 26.
13. Ibidem, p. 31.

O Corpo Como Signo

Essa estrutura social acaba por se reproduzir no corpo humano, de forma a dar-lhe um sentido em particular, o que certamente irá variar de acordo com os mais diferentes sistemas sociais: "Como qualquer outra realidade do mundo, o corpo humano é socialmente concebido."[14]

A análise da representação social do corpo possibilita entender a estrutura de uma sociedade. A sociedade privilegia um dado número de características e atributos que deve ter o homem, sejam morais, intelectuais ou físicos; esses atributos são, basicamente, os mesmos para toda a sociedade, embora possam se nuançar para diferentes grupos, classes ou categorias que fazem parte da sociedade.

O corpo humano, para além de seu caráter biológico, é afetado pela religião, grupo familiar, classe, cultura, e outras intervenções sociais. Assim, cumpre uma função ideológica, isto é, a aparência funciona como garantia ou não da integridade de uma pessoa, em termos de grau de proximidade ou de afastamento em relação ao conjunto de atributos que caracterizam a imagem dos indivíduos em termos do espectro das tipificações. É assim que, em função da aparência (atributos físicos), alguém é considerado como um indivíduo capaz ou não de cometer uma transgressão (atributos morais), por exemplo.

Isso significa que o corpo está investido de crenças e sentimentos que estão na origem da vida social mas que, ao mesmo tempo, não estão submetidos ao corpo: "O mundo das representações se adiciona e se sobrepõe a seu fundamento natural e material, sem provir diretamente dele."[15]

O corpo funciona como marca dos valores sociais; nele a sociedade fixa seus sentidos e valores. Socialmente, o corpo é um signo e, como diz Rodrigues: "A utilização do corpo como sistema de expressão não tem limites."[16]

14. Ibidem, p. 44.
15. Ibidem, p. 46.
16. Ibidem, p. 97.

A Significação Social do Corpo Negro

A partir das reflexões de Rodrigues, o estatuto do negro na sociedade pode ser considerado como sendo determinado pelos sentidos que o corpo negro representa, na rede de unidades significativas que constituem a cultura como estrutura significante. De fato, os atributos físicos que caracterizam o negro, e mais particularmente a cor da pele, expressam as representações que, historicamente, associam a essas características físicas atributos morais e/ou intelectuais que vão corresponder, no espectro das tipificações sociais, àquilo que se instaura na dimensão do *distante*, ou seja, àquilo que expressa o que está além do conjunto dos valores nos quais os indivíduos se reconhecem. Nessa rede, *negro* e *branco* se constituem como extremos, unidades de representação que correspondem ao distante – objeto de um gesto de afastamento – e ao *próximo* – objeto de um gesto de adesão.

Dessa forma, a rede de significações atribuiu ao corpo negro a significância daquilo que é indesejável, inaceitável, por contraste com o corpo branco, parâmetro da autorrepresentação dos indivíduos. Como diz Rodrigues, a cultura necessita do negativo, do que é recusado, para poder instaurar, positivamente, o desejável. Tal processo inscreve os negros num paradigma de inferioridade em relação aos brancos.

O indivíduo branco pode se reconhecer em um "nós" em relação ao significante "corpo branco" e, consequentemente, se identificar imaginariamente com os atributos morais e intelectuais que tal aparência expressa, na linguagem da cultura, e que representam aquilo que é investido das excelências do sagrado.

O negro, no entanto, é aquele que traz a marca do "corpo negro", que expressa, escatologicamente, o repertório do execrável que a cultura afasta pela negativização. Vítima das representações sociais que investem sua aparência daqueles sentidos que são socialmente recusados, o negro se vê condenado a carregar na própria aparência a marca da inferioridade social. Para o indivíduo negro, o processo de se ver em um "nós" em relação às tipificações sociais inscritas no extremo da desejabilidade esbarra nessa marca – o corpo – que lhe interdita tal processo de identificação; ao mesmo tempo, a cultura incita-o a aderir aos signos da desejabilidade, pela injunção, própria das estruturas da cultura, que resulta do fato de que os signos desse sistema são introjetados pelos indivíduos no processo de socialização, como diz Rodrigues.

Dessa forma, a cultura, que construiu a categoria "negro" enquanto um signo, produz, para o indivíduo negro, uma posição de ambivalência: oferece-lhe um paradigma – o da brancura – como lugar de identificação social; no entanto, por representar justamente o *outro* da brancura, tal identificação é, *ipso facto*, interditada, pois a distância entre os extremos na rede de tipificações, como se viu em Rodrigues, deve ser mantida.

Preso às malhas da cultura, o negro trava uma luta infinda na tentativa de se configurar como indivíduo no reconhecimento de um "nós". Seu corpo negro, socialmente concebido como representando o que corresponde ao excesso, ao que é outro, ao que extravasa, significa, para o negro, a marca que, *a priori*, o exclui dos atributos morais e intelectuais associados ao outro do negro, ao branco: o negro vive cotidianamente a experiência de que sua aparência põe em risco sua imagem de integridade.

Se a cultura lhe atribuiu uma natureza que é da ordem do inaceitável, esses sentidos são introjetados pelo negro e vão, necessariamente, produzir configurações psíquicas particulares. Nesse processo em que a cultura o captura, o negro recusa sua própria imagem e permanece cativo do fantasma da inferioridade, de que seu corpo é, socialmente, a marca.

Frantz Fanon, comentando as observações de Sartre sobre o racismo[17], diz: "Jean-Paul Sartre esqueceu que o negro sofre em

---

17. Ver J.-P. Sartre, *Reflexões sobre o Racismo*.

seu corpo de outro modo que o branco. Entre o branco e eu, há irremediavelmente uma relação de transcendência."[18]

É dessa dimensão singular que torna a condição de negro impossível de ser simetrizada à condição de branco que se produz, para o negro, essa experiência de sofrer o próprio corpo. O que pretendo é focalizar essa experiência do ponto de vista das configurações que imprime na psique do negro.

---

18. F. Fanon, *Peau noir, masques blancs*, p. 112. (Trad. bras.: *Pele Negra, Máscaras Brancas*. Trad. Renato da Silveira. Salvador: Edufba, 2008.)

Parte II

Dimensão Psíquica
da Condição do Negro

3
As Estruturas da Condição Subjetiva

Para a psicanálise, o sujeito se define como uma estrutura marcada pela descontinuidade entre consciência e inconsciente. Tal descontinuidade implica que a dimensão do inconsciente escapa à consciência e aos processos cognitivo-reflexivos que lhe são próprios. Nesse sentido, o sujeito é afetado pelos processos inconscientes que o habitam e sobre os quais não pode exercer um controle consciente.

O ponto de vista que pretendo tematizar diz respeito justamente a esse aspecto inconsciente em que o racismo se inscreve, tanto para os brancos quanto para os negros. E é esse fenômeno que faz com que os conteúdos inconscientes ligados ao racismo persistam, independentemente da realidade social e política. Ou seja, mesmo que, no campo social, político e jurídico, o racismo possa estar excluído, tal exclusão opera no plano da consciência dos indivíduos que não pode, por si só, determinar o campo do inconsciente.

A fim de explorar essas questões, torna-se necessário, em primeiro lugar, explicitar o conceito psicanalítico de sujeito e os processos que estão em jogo na sua constituição, de modo a explicitar por que *sujeito*, desse ponto de vista, é um conceito diferente de indivíduo ou de *ego*, noções que predominam nas abordagens das ciências sociais.

Em segundo lugar, trata-se de investigar de que modo o processo de constituição da dimensão psíquica, no caso do negro, envolve certas configurações de sentido que, a meu ver, vão determinar formas particulares que caracterizam, para o negro, a condição subjetiva.

A Concepção Lacaniana de Sujeito: A Metáfora do Nome-do-Pai; a Falta; a Castração

A concepção lacaniana de sujeito atribui à linguagem um lugar central, a ponto de pensar o inconsciente, quando estruturado, como uma linguagem.

Esse vínculo entre linguagem e inconsciente decorre do fato de que é a linguagem que determina o sujeito como sujeito, isto é, enquanto determinado por uma exterioridade que o ultrapassa.

Na origem da constituição do sujeito está o processo que Lacan denomina *metáfora do nome-do-pai*. Entender a metáfora paterna é, antes de mais nada, pensar o objeto fálico como uma função que seria idêntica no homem e na mulher, uma função mediatizada pelo pai intervindo na relação da criança com a mãe e da mãe com a criança. O falo, portanto, a partir da concepção lacaniana, é um objeto de natureza significante; não é um pênis imaginariamente atribuído à mulher, caracterizando uma mãe fálica, mas é um objeto que significa o fato de que o pai, na situação edipiana, é o terceiro que institui uma lei, um poder.

Portanto, o falo, para Lacan, é um objeto imaginário que tem sua origem na fantasia das crianças em torno da diferença de sexos que, em princípio, está dada pela diferença anatômica.

Tal diferença será elaborada psiquicamente pela criança por meio de uma construção imaginária, em que a diferença se dá porque existe uma falta, enquanto consequência de uma despossessão, de uma castração.

O falo, portanto, é primordial no processo da metáfora paterna, a medida em que desempenha um papel estruturante na dialética edipiana, instituindo-se como significante essencial do desejo na triangulação edipiana. Isto é, o processo do complexo de Édipo se dará, respectivamente, a partir do lugar do falo no desejo da mãe, da criança e do pai, dialeticamente sob a forma do "ser" e do "ter". O falo, portanto, é um elemento significante sempre referido a uma função simbólica. A primazia do falo na organização genital infantil fez com que Freud, no texto *Três Ensaios Sobre a Teoria da Sexualidade*, de 1923, associasse essa prevalência do falo com a problemática da castração. A natureza da organização genital infantil é o que a diferencia da organização genital definitiva do adulto, pois, se tanto para o menino quanto para a menina o órgão genital masculino desempenha um papel marcante, não é, aí, do genital por excelência que se trata, mas do falo. O fato de um único órgão genital ser tão marcante na evolução sexual infantil explica o caráter simbólico que se situa fora da realidade anatômica, apontando para a falta como possível de ser subjetivamente representada por esse órgão. Freud deixa claro, então, que a castração é uma consequência de ordem fálica e não anatômica, isto é, uma vez registrada pela criança a falta de pênis, ela imagina a ausência do pênis como uma castração e, a partir daí, a criança se depara com a castração relativamente a ela própria.

Portanto, a natureza do objeto fálico expõe, de um lado, a noção de falta (a ausência de pênis), levando a uma hipervalorização que extrapola sua realidade anatômica. Nesse sentido, a descoberta da criança em torno da diferença dos sexos dá-se a partir da noção de falta; o genital feminino é diferente do masculino porque lhe falta algo. Por outro lado, o resultado da observação da experiência da criança que olha outra é elaborado subjetivamente como uma concepção de que algo que falta supõe um lugar dessa falta.

A criança persiste nessa ideia de que falta algo e, a partir daí, os sexos se tornaram diferentes para ela. Essa construção imaginária, que coloca uma falta no lugar real da diferença, coloca a existência de um objeto imaginário, o falo. Tal objeto é o que a criança supõe poder existir para todos, naturalmente; a falta, portanto, é que coloca a criança diante da possibilidade da castração a ela própria.

Todo esse processo é intrassubjetivo, é a relação do sujeito com uma formação intrapsíquica que tem por base o imaginário do fantasma; daí teremos o processo da metáfora paterna, isto é, o reinado do falo como objeto imaginário, que será uma peça importante, fundamental e estruturante na dialética edipiana; o próprio processo edipiano estabelece uma situação simbólica inaugural, que culmina com a metáfora do nome-do-pai. A metáfora paterna, na sua estrutura, está ligada diretamente à situação edipiana, processo estruturante para o sujeito.

O Édipo suscita todo um processo que desencadeia uma relação intersubjetiva entretecida, simultaneamente, no registro do imaginário e do simbólico, daí ser estruturante para o sujeito.

A metáfora do nome-do-pai é o processo que inicia a evolução psíquica, e que permite à criança "nascer" enquanto sujeito, pela sua entrada no simbólico por meio da língua da mãe, isto é, da relação da mãe com a criança. A língua que fala a mãe é inseparável, para a criança, da língua, da pele, de tudo que está relacionado ao corpo, ao gozo. Juan David Nasio diz que Lacan, ao escrever "alíngua", pretendeu ressaltar o que do inconsciente se manifesta numa língua de modo diferente para cada indivíduo, que são transformados em sujeitos com suas histórias singulares: "'Alíngua' é algo que se mama, é a parte materna e gasosa da língua."[1] Assim, pode-se dizer que a "alíngua" é uma língua ligada ao corpo, isto é, carregada de sentidos pelos efeitos produzidos pelo inconsciente.

---

1. J.D. Nasio, *Cinco Lições Sobre a Teoria de Jacques Lacan*, p. 55.

A "Spaltung": A Divisão do Sujeito

A ideia do inconsciente como estrutura, em Lacan, vem do fato de Lacan ter pensado o inconsciente como uma linguagem, isto é, uma cadeia de diferentes elementos distintos entre si. São esses elementos, que Lacan denomina significantes, que se articulam "num duplo movimento de ligação (metonímia) e substituição (metáfora)"[2].

A metáfora comanda o mecanismo de substituição; o inconsciente se manifesta na forma de significante substitutivo. Portanto, o princípio que governa a metáfora do nome-do-pai tem como suporte um "efeito de significante, de uma substituição significante"; isso significa dizer que é da ordem significante que nasce o sujeito em sua estrutura de divisão, ou seja, "o sujeito é dividido pela própria ordem da linguagem"[3].

A metáfora paterna tem suporte no recalque originário, processo descrito por Freud como um primeiro momento em que há formação de um certo número de representações inconscientes; tal processo ocorreria anteriormente à formação do superego. Daí a postulação lacaniana do recalque originário, que sustentaria a metáfora paterna no nascimento do inconsciente, o que coloca o inconsciente, ele próprio, como produto de uma certa ordem significante.

Segundo Joël Dor, essa concepção de organização metapsicológica sobre a origem do inconsciente estruturado como linguagem tem sua origem nas formulações de Freud; nos *Estudos Sobre a Histeria* (1893-1895), Freud dizia que, "na histeria, o sujeito consciente está separado de uma parte de suas representações"[4].

Isso deixa claro que Freud pensava o inconsciente totalmente independente da consciência; por interferência do recalque, essa divisão de ordem psíquica pode ser pensada já nesse momento

---

2. Ibidem, p. 57.
3. J. Dor, *Introdução à Leitura de Lacan*, p. 100.
4. Ibidem, p. 101.

como a divisão do sujeito. Em Freud, a noção de divisão psíquica, ou *Ichspaltung*, foi traduzida para o francês como *clivage du moi* (clivagem do eu). Essa ideia sustenta a clivagem como interna ao "eu" propriamente dito, ainda que, nesse momento, houvesse em Freud também a ideia de uma divisão entre o "eu" e o "isso" (inconsciente); mas não há dúvidas de que uma parte dos conteúdos psíquicos do sujeito foge ao controle pela ação do recalque.

Para Lacan, essa divisão, ou *Spaltung*, é o que inaugura o sujeito e define a subjetividade. Por meio da *Spaltung*, o sujeito se estrutura de um certo modo psíquico, que definirá sua maneira de ser na vida.

A *Spaltung*, para Lacan, não é simplesmente uma divisão intrassistêmica ou intersistêmica. Para Lacan, a *Spaltung* institui o aparelho psíquico "num sistema plurissistêmico". A partir desse raciocínio de Lacan é possível colocá-la, diz Dor, como a "divisão inaugural do sujeito"[5], nascida da subordinação do sujeito a uma terceira ordem, a ordem simbólica, a ordem que intersecciona a relação do sujeito com o Real, ligando, para o sujeito, o Imaginário e o Real.

Essa operação acontece no advento do processo da metáfora paterna, representado por um símbolo de linguagem, o nome-do-pai, que nomeia metaforicamente o objeto primordial do desejo que se tornou inconsciente, o significante fálico (significante do desejo da mãe). Como resultante do processo da metáfora paterna, a criança tem acesso à linguagem sem saber o que diz no que fala, isto é, ao nomear o objeto de seu desejo, lhe dá sentido ou significa o nome-do-pai.

A linguagem é vista, por Lacan, como uma atividade subjetiva em que se diz algo muito diferente do que se acredita estar dizendo. Essa diferença é a expressão do inconsciente no discurso do sujeito. O inconsciente escapa ao controle do sujeito que fala, pois está separado do sujeito. Dessa divisão subjetiva colocada pela ordem

---

5. Ibidem, p. 102.

dos significantes resulta que a linguagem regula o inconsciente, mantendo-o num lugar de onde ele sobrevém, independentemente da vontade do sujeito. Lacan enfatiza: "A linguagem é condição do inconsciente. O inconsciente é a implicação lógica da linguagem: com efeito, não há inconsciente sem linguagem."[6]

A partir dessa colocação, Lacan deixa claro que só existe sujeito em ser falante, isto é, que a noção de sujeito se sustenta a partir do acesso à ordem significante que origina o sujeito estruturando-o a partir de um processo de divisão que faz sobrevir o inconsciente. Nessa estrutura de divisão do sujeito, o recalque originário é peça fundamental no aparecimento do inconsciente.

O recalque originário age propositadamente sobre o significante do desejo da mãe (significante fálico, que se faz representar por vários significantes). Esses significantes primordiais, como diz Joël Dor[7], se prestarão a substituições metafóricas, que serão seus núcleos inconscientes.

O Mecanismo do Recalque

O recalque originário de significantes primordiais é um processo descrito por Freud, em 1915, como um mecanismo que se subdivide em três tempos: o recalque originário; o recalque propriamente dito, ou recalque posterior; e o retorno do recalque nas formações do inconsciente.

O recalque propriamente dito seria uma consequência do recalque originário, isto é, o recalque que incide sobre significantes primordiais relacionados ao desejo da mãe. Sendo o núcleo inconsciente originário de forte atração, Freud diz que o recalque originário é um processo de contrainvestimento, uma vez que

---

6. Jacques Lacan apud. J. Dor, op. cit., p. 103.
7. J. Dor, op. cit., p. 103.

"representa a defesa permanente de um recalque originário, mas também a permanência deste último"[8]. O contrainvestimento é o único mecanismo do recalque originário. O recalcado originário exerce uma grande atração em outros significantes, acrescentando-se ainda as forças de repulsão oriundas das instâncias superiores do eu e do super eu.

Nesse sentido, o recalque posterior é aquele cuja função é manter o processo de divisão do sujeito instaurado pela metáfora paterna; é ele também que institui o inconsciente como um lugar de significantes organizados a partir do discurso, isto é, uma organização semelhante à de uma linguagem e que escapa ao controle do sujeito. Daí Dor enfatizar a afirmação de Lacan: "O inconsciente é o discurso do Outro (discurso do outro do sujeito, que lhe escapa em razão da *Spaltung*)." [9]

A Alienação do Sujeito na Linguagem

Uma outra propriedade fundamental da subjetividade se inicia a partir da divisão do sujeito como resultado da ordem significante, "a alienação do sujeito na e pela linguagem"[10], na sequência do tipo de relação que a linguagem estabelece com a ordem simbólica. É nessa relação que o sujeito se dá conta da sua não existência enquanto tal, isto é, de que sua existência só se dá na cadeia significante.

É próprio da linguagem trazer um real por meio de um substituto simbólico, o que produz uma cisão entre o real vivido e o que vem significá-lo. Isto é, o substituto simbólico que significa o real, mas que não é o real propriamente dito, mas somente aquilo pelo qual o real é representado.

8. S. Freud apud J. Dor, op. cit., p. 104.
9. J. Dor, op. cit., p. 104.
10. Ibidem, p. 106.

Como diz Dor, o aforismo de Lacan "É preciso que a coisa se perca para ser representada" mostra que a linguagem tem uma propriedade singular, que se constitui em representar um real, na ausência desse real em si, ou, como diz Lacan, "pela palavra que já é uma presença feita de ausência, a própria ausência vem a se nomear"[11]. Nessas circunstâncias, a relação do sujeito com seu próprio discurso se apoia nessa cisão; isto é, o sujeito não aparece no seu próprio discurso a não ser pelo efeito dessa cisão; o sujeito desaparece como sujeito e se encontrará representado exclusivamente como um símbolo.

J.-A. Miller usa o termo *sutura* como o que "nomeia a relação do sujeito com a cadeia de seu discurso", precisando que "ele figura ali como elemento que falta, na qualidade de um lugar-tenente. Pois, faltando ali, ele não está pura e simplesmente ausente"[12].

Há vários exemplos de como alguns símbolos cumprem bem essa função, nos lembra Dor: o "nome", o "eu", o "quanto a mim", o "tu", o "ele", o "a gente". Isto é, no sentido próprio da palavra, pronomes que têm a função da representação simbólica do sujeito no seu discurso.

Portanto, a relação do sujeito com o seu próprio discurso se apoia no fato de que o sujeito só se presentifica no seu discurso às custas de estar ausente em seu ser propriamente dito. Essa relação mostra a estrutura de divisão do sujeito e ressalta que o sujeito, ao ter acesso à linguagem, se perde nela mesma, na linguagem que o criou (como sujeito).

O sujeito não é a causa da linguagem, mas é causado por ela, isto é, o sujeito, que tem sua origem na linguagem, se manifesta nela própria como um efeito; efeito de linguagem que o materializa enquanto tal, ao mesmo tempo que o encobre. Lacan nomeia esse encobrir como o "*fading* do sujeito", que diz respeito ao fato de que o sujeito só se apreende por meio da sua linguagem como

---

11. J. Lacan apud J. Dor, op. cit., p. 106.
12. Jacques-Alain Miller apud J. Dor, op. cit., p. 107.

representação, como um disfarce de si mesmo. A alienação do sujeito no seu próprio discurso manifesta a refenda do sujeito, ou seja, o movimento que continuamente reproduz a divisão do sujeito.

A linguagem é um conjunto de signos que compõem um sistema, isto é, os signos se opõem de maneira que um significante, numa cadeia significante, só tem sentido em relação a todos os outros. Joël Dor esclarece que essa propriedade, que Saussure batiza com a expressão *valor do signo*, permite entender melhor o conceito lacaniano de ponto-de-estofo, que funciona como uma substituição dessa propriedade da linguagem que delibera que um significante, numa dada cadeia falada, só tenha sentido a posteriori, em que o último significante, posto retroativamente, é quem revela o sentido.

Se é a ordem significante que faz emergir o sujeito, este não poderia se fazer presente senão pela linguagem, a partir do advento da metáfora paterna: "O que resulta então é uma consequência *princeps*, que solda a relação do sujeito na ordem de seu discurso: um significante é o que representa um sujeito para um outro significante."[13]

Essa é uma consequência inevitável da estrutura própria do sistema da língua. Se, por um lado, o sujeito só aparece no discurso por meio de um representante, por outro, se é um significante que o representa como sujeito no discurso, isto só é possível em relação a outro significante. Daí a ideia de que o sujeito é apreendido como um efeito do significante, exclusivamente como um efeito.

A esse respeito, comenta Nasio[14], o significante não é endereçado a ninguém, ele salta de sujeito para sujeito. Isso significa que não pode haver significante sem sujeito, mas o sujeito não causa o significante, ele é antes um efeito de significante.

A noção de sujeito barrado, elaborada por Lacan, se funda nessa noção de que o significante representa o sujeito. O sujeito não emerge a não ser "como sujeito barrado pela ordem significante,

---

13. J. Dor, op. cit., p. 108.
14. J.D. Nasio, op. cit., p. 70.

isto é, barrado de si mesmo"¹⁵. Esse movimento é assim explicado por Lacan:

> O efeito de linguagem é a causa introduzida no sujeito. Por este efeito, ele não é causa de si mesmo, ele traz dentro de si o verme da causa que o refende. Pois sua causa é o significante sem o qual não haveria nenhum sujeito no real. Mas o sujeito é o que este significante representa, e ele não poderia nada representar a não ser para outro significante, a que, desde então, se reduz o sujeito que escuta.
> Não se fala, portanto, ao sujeito. Isso fala dele e é aí que ele se apreende, e isto tanto mais forçosamente, portanto antes do simples fato de que isso se enderece a ele, de que ele desapareça como sujeito sob o significante que se torna, ele não é absolutamente nada. Mas esse nada sustenta-se em seu advento agora produzido pelo chamado feito no Outro ao segundo significante.¹⁶

O sentido do signo está subordinado ao ato de simbolização, isto é, à construção do signo pela associação de um significante a um significado, que só emerge quando um sujeito participa de sua elaboração: o signo é o que representa a intervenção de um sujeito. Mas o sentido e o signo passam a ser secundários, visto que o significante tem a prioridade em detrimento do significado. O significado é sempre secundário na relação com o significante, visto que, no inconsciente, são as substituições significantes que são determinantes.

A relação do sujeito com seu discurso é, portanto, uma relação em que o sujeito ignora a significação dos significantes que produz. Uma vez que os significados estão remetidos ao recalque originário – que por sua vez, a partir da metáfora paterna, adquire uma nova representação e assim, sucessivamente, novos significantes que estarão associados a eles (significados) –, a refenda do sujeito é

---

15. J. Lacan apud J. Dor, op. cit., p. 108.
16. Ibidem.

quem define, na existência do sujeito, isto é, do "fala-ser", como diz Lacan, a total ignorância do sujeito quanto à cadeia dos significantes.

Dessa divisão do sujeito de que nos fala Lacan resulta, necessariamente, que uma parte de nossa subjetividade, enquanto sujeito do inconsciente, ou seja, sujeito do desejo, nos escapa.

O sujeito não fala por si mesmo, porque ele é representado em seu próprio discurso. A fala é uma substituição do que estava originalmente posto, que só poderia vir à tona como um significante substituído, que representa o desejo do sujeito. O sujeito, portanto, frente a seu desejo, está apartado de si mesmo pela linguagem; independentemente da vontade do sujeito, o *isso* se apresenta em seu discurso, sem que ele possa ter o controle. "O sujeito, na verdade de seu desejo, pode, portanto, ser colocado como sujeito do inconsciente."[17]

O sujeito do inconsciente, portanto, não o é senão representado na linguagem, única forma de expressão do desejo, isto é, do registro inconsciente. A linguagem aparece, assim, como o meio pelo qual o sujeito emerge e aquilo que o institui como diretamente relacionado com a estrutura do discurso.

A estrutura do discurso se subdivide entre o nível do enunciado e o nível da enunciação. A enunciação é o ato singular, individual, de mobilização da língua, o enunciado é o resultado desse ato de enunciação. Por ser um ato de linguagem, a enunciação é uma "iniciativa intencional"[18]. Se a enunciação remete a um ato, o enunciado remete ao campo da representação. Daí, portanto, uma diferença entre o sujeito do enunciado (*moi*) e o sujeito da enunciação (*je*).

Citando Lacan, Dor afirma que o sujeito do inconsciente, ou seja, o sujeito do desejo, estará presente na enunciação, portanto, como sujeito da enunciação: "A presença do inconsciente, por se situar no lugar do Outro, deve ser procurada em todo discurso, na sua enunciação."[19]

17. J. Dor, op. cit., p. 114.
18. Ibidem, p. 116.
19. J. Lacan apud J. Dor, op. cit., p 118.

Não há outra possibilidade de o inconsciente vir à tona senão no dizer. No entanto, no dito, a verdade do sujeito propriamente dita estará perdida na sua integridade, visto que aí aparece sob o disfarce do sujeito do enunciado, única forma da "verdade do sujeito" poder emergir, ainda que se "meio dizendo".

Não só o sujeito emerge de maneira disfarçada: também seu discurso articulado é uma forma de disfarce em relação à verdade do desejo do sujeito.

Portanto, o "eu" que aparece no discurso como sujeito do enunciado, capturado pela ordem subjetiva, acaba por ocultar o sujeito do desejo. Nesse ato de ocultação, se dará a objetivação imaginária do sujeito, que se vê identificado com as representações que aparecem no discurso. Essas representações ou "lugares-tenentes", em que o sujeito se perde em sua verdade, acabam por reduzi-lo a uma representação imaginária, de que o sujeito lançará mão para se identificar.

Nesse sentido, o eu (sujeito do enunciado) aparece como substituto do sujeito em si (sujeito da enunciação): na medida em que este último escapa à possibilidade de ser representado, é o eu que aparecerá para o sujeito como o seu representante. Trata-se, portanto, de verificar como o eu pôde ser construído como representante do sujeito.

O "Eu" Como Construção Imaginária

O "eu" é uma construção imaginária que permite que o sujeito se objetive para si próprio: a criança sai da relação dual com a mãe, quando pensa que ela e a mãe constituem um só ser, e passa a se perceber como um outro, um "eu" em relação à mãe, ao outro, aos outros. A subjetividade vai, assim, sendo delineada através da aquisição da identidade originária.

O sujeito, portanto, se constitui enquanto estrutura de divisão tanto no campo do simbólico quanto no campo do imaginário. Tal processo, que determina a construção da subjetividade, envolve, simultaneamente, a divisão do sujeito na *Spaltung*, efeito da ordem simbólica, e a construção de uma unidade imaginária no eu, fenômeno da ordem do imaginário.

Ambos os processos são inseparáveis da existência do Outro, da alteridade. Assim, no "estádio do espelho", o eu só se constrói como representação imaginária pelo outro e em relação ao outro. A identificação da criança com sua imagem especular só é possível quando a criança tem um certo reconhecimento do Outro (a mãe). Isso só é possível quando a criança percebe que o outro a identifica como tal, facilitando, assim, seu próprio reconhecimento: é o olhar do outro que confirma a realidade do seu corpo na imagem do espelho. A subjetividade que vai se delineando na fase do estádio do espelho representa uma construção imaginária inteiramente submetida à medida do outro.

No estádio do espelho, quando da aquisição da identidade por meio de uma imagem própria, que vem substituir um imaginário anterior em que a imagem de si (da criança) era inseparável da imagem da mãe, é a partir da imagem de si mesmo como outro que o sujeito tem acesso à sua identidade, estabelecendo-se, assim, um movimento subjetivo peculiar. É como um outro especular (a imagem do sujeito no espelho), fora de si mesmo, que o sujeito se dá conta do Outro, um outro igual a ele.

O que está assegurado para a criança nessa fase é a conquista da imagem de seu próprio corpo, fundamental na identificação primordial. Essa identificação primordial, feita pela criança com a imagem do seu próprio corpo, será responsável pela estruturação do "eu", pondo fim ao que o Lacan chama de "fantasma do corpo esfacelado".

Na fase anterior ao estádio do espelho, a criança não percebe seu corpo como uma unidade totalizada, mas como algo separado, despedaçado; isto é, há uma experiência fantasmática do corpo esfacelado. Já nesse estádio, a criança passa por uma experiência que se organiza a partir de três tempos fundamentais, e que resulta numa conquista gradual da imagem de seu corpo.

Num primeiro momento, a criança percebe a imagem do seu corpo como a de um outro real de quem ela tenta se apropriar, isto é, nesse primeiro momento, há uma confusão entre o si e o outro. Se num primeiro momento a criança dá à imagem do espelho um caráter real, num segundo, descobre que o outro do espelho não é real, mas uma imagem virtual; é então que a criança se dá conta da diferença entre a imagem do outro e a realidade do outro. Num terceiro momento, já com a noção e a convicção de que o reflexo no espelho é uma imagem virtual, descobre que é a imagem dela mesma, o que lhe possibilita a concepção de unidade de seu corpo, a representação do corpo próprio.

A imagem do corpo é fundamental e estruturante para a identidade do sujeito e é na fase do estádio do espelho que acontece essa identidade primordial. A aquisição da identidade se apoia na dimensão imaginária a partir do reconhecimento da criança de sua imagem virtual que não é ela, mas é onde ela se reconhece; trata-se de um conhecimento imaginário, mas que se fundamenta na experiência. Essa é uma fase que acontece na vida da criança quando ela ainda se encontra numa fase de maturação caótica, quando ainda não tem consciência do corpo próprio, ainda não adquiriu a noção de esquema corporal, para usar a terminologia de Françoise Dolto.

Se, por um lado, essa fase é responsável pela "pré-formação" do eu, por outro, ela insere a criança na alienação imaginária; não só todas as imagens captadas pela criança serão constitutivas do "eu", mas o eu só capta as imagens em que se reconhece.

Nasio, comentando Lacan, diz que: "Não basta definir o eu como o precipitado das imagens remetidas por outrem; é preciso ainda delimitar o que dessas imagens liga-o com paixão até constituí-lo. A única coisa que prende, atrai e aliena o eu na imagem do outro é justamente aquilo que não se percebe na imagem, a saber, a parte sexual desse outro."[20]

20. J.D. Nasio, *Lições Sobre os Sete Conceitos da Psicanálise*, p. 117.

Isto é, o captar imaginário do eu não acontece pela imagem, mas por algo não perceptível, é com esse vazio dentro da imagem que o eu se identifica.

Conclui então Nasio: "A identificação imaginária que dá origem ao eu é mais do que uma sequência de imagens sucessivas, é fundamentalmente a fusão do eu com a parte furada da imagem do semelhante."[21]

A percepção do Eu é atraída pela parte imaginária do semelhante, ou seja, por tudo o que, da imagem, é visto como sexual, isto é, o eu só pode ser formado nas imagens que lhe permitem reconhecer-se e afirmar sua natureza imaginária como ser sexual. É nessa relação do Eu, ou, melhor dizendo, do sujeito do inconsciente e do Objeto (outro), onde um se assemelha ao outro, que se dá o processo de identificação fantasística.

A Fantasia Como Constitutiva do Corpo

O processo de identificação fantasística compreende a relação do "objeto a" (como Lacan designou o outro, sendo o a um símbolo que representa a primeira letra da palavra *autre*, "outro", em francês) com o sujeito, tendo como motor desse processo a fantasia.

A fantasia é um produto psíquico, uma formação psíquica, que tem como função impedir o movimento arrebatador de uma pulsão e evitar que ela alcance o limite de um possível gozo intolerável. Ela tem, portanto, a função de barrar a entrada da pulsão a um gozo absoluto e permitir a satisfação parcial da pulsão, evitando, assim, a destruição do sujeito. Portanto, a fantasia funciona como uma defesa de uma possível descarga total das pulsões. Mas o objeto a não é tão somente uma sobra de energia pulsional à deriva e na origem das formações psíquicas; é uma tensão de natureza sexual,

21. Ibidem.

na medida em que está associado a uma fonte corporal erógena, sempre presente numa fantasia. O objeto A representará diferentes figuras e terá diversas nominações, de acordo com a zona erógena do corpo que é valorizada na fantasia.

O lugar da identificação, na fantasia, resume-se na identificação do sujeito com o objeto, isto é, na fantasia, o sujeito é o objeto. Ao afirmar isso, Lacan quer dizer que o agente da fantasia não é o indivíduo, a fantasia não é criação de alguém, ela é resultado simultâneo da ação do objeto, produzida pela perda do objeto ou corte do significante.

Nasio observa que a matriz formal de uma fantasia é composta de quatro elementos: um sujeito, um objeto, um significante e imagens[22].

Esses elementos estão ordenados num roteiro preciso e, comumente, perverso, tendo como mecanismo principal, que organiza a estrutura fantasística, a identificação do sujeito transformado em objeto. "Na prática, devemos reconhecer que a queda do objeto se produz no mesmo movimento da identificação do sujeito com o objeto do desejo."[23] Isto é, na fantasia, somos o que perdemos.

A propósito do comentário de Nasio, de que a fantasia tem em geral um roteiro preciso e perverso, Jacques Alain Miller nos dá alguns esclarecimentos: "A vergonha do fantasma liga-se ao fato de que, em um primeiro nível, geralmente o fantasma se apresenta em relação de oposição aos valores morais do sujeito." Isto é, o sujeito aí não se reconhece e, em geral, tem muito medo da realização do seu fantasma: "O fantasma que é fundamentalmente este pequeno tesouro do sujeito é ao mesmo tempo a matriz da submissão ao mundo, sendo os limites de toda significação para ele."[24]

Isso significa que, para o sujeito, não há nenhuma possibilidade de significação ao longo da vida que não seja atravessada pelo fantasma.

Ao se fazer o objeto que perdeu, o sujeito acaba por vivenciar na fantasia o objeto A como objeto do desejo que vai assumir

22. Idem, *Cinco Lições Sobre a Teoria de Jacques Lacan*, p. 128.
23. J. Dor, op. cit., p. 108.
24. J.-A. Miller, Sintoma e Fantasma, *Clínica Lacaniana*, v. 1, 2. sem., p. 22.

as mais diferentes formas corporais. O objeto A, na verdade, tem diferentes abordagens no contexto analítico: como um furo na estrutura, dentro dos conceitos *o Um* e *o Todo*; o objeto A também pode ser visto a partir do ponto de vista energético, como o "mais--gozar", a partir, é claro, da noção do inconsciente estruturado como uma linguagem, em que o gozo passa a ser uma categoria.

Mas, certamente, de todas as possíveis significações do objeto A, a que mais me interessa é a que o considera do ponto de vista do objeto do desejo, núcleo da fantasia, o que o faz aparecer sob várias formas corporais (mutilação, seio, dor etc.).

Segundo Lacan, o corpo é o lugar do gozo, o lugar onde gozamos, onde percorre uma multiplicidade fluida de gozos. Entende-se aí gozo não como prazer, mas como o estado que está para além do prazer, uma tensão excessiva que leva ao esgotamento: se o prazer é a possibilidade de não perder, o gozo, ao contrário, se coloca ao lado da perda. O sujeito não se apercebe do gozo, há um sofrimento do corpo, não importa de que parte; não é possível reconhecer nem medir o grau de sofrimento a que é submetido o corpo; podemos reconhecer o prazer, mas não a medida do que é perdido: o sujeito está excluído do gozo.

Para a psicanálise, portanto, não existe um corpo total: o corpo é sempre uma parte, ou seja, o gozo localizado acumulado nessa parte, pois o corpo não é uma unidade física, mas uma unidade significante, que se manifesta como corpo falante e corpo sexual.

Corpo sexual: sexual porque o corpo está associado a gozo e gozo é sexual, gozo gerado pelos orifícios erógenos do corpo e, portanto, tudo que se liga ao gozo se sexualiza, seja uma ação, uma palavra, uma fantasia ou um dado órgão do corpo ou parte do corpo que tenha se convertido em elemento erógeno.

Corpo falante: falante porque ele é apreendido como um conjunto de significantes "que falam entre si"[25]. O corpo falante não é o corpo

---

25. J.D. Nasio, *Cinco Lições Sobre a Teoria de Jacques Lacan*, p. 149.

gestual que me fala, mas o que está investido do poder de determinar, sem o conhecimento de quem o contempla, um ato (por exemplo, o ato de repulsa do racista, que não sabe explicar por que é racista). Além de falante ou sexual, o corpo é também uma imagem, como observa Nasio[26]. Não a imagem refletida no espelho, mas a imagem que é dada pelo outro, meu semelhante. A imagem do corpo, propriamente dito, é percebida a partir de fora. Essa imagem vem de fora, dando forma ao corpo sexual e ao gozo do sujeito.

Portanto, o corpo é visualizado aqui de três pontos de vista que se complementam. Do ponto de vista real, o corpo é sinônimo de gozo; do ponto de vista simbólico, o corpo é significante "conjunto de elementos diferenciados entre si e que determinam um ato no outro"; e como corpo imaginário, "identificado como uma imagem externa e prenhe, que desperta o sentido num sujeito"[27].

A Noção de Objeto: A Falta e o Gozo

Em psicanálise, a noção de objeto é pensada em correlação à noção de pulsão; o objeto seria o alvo em que a pulsão cumpriria seu objetivo, a satisfação.

A noção de objeto aparece historicamente na psicanálise no artigo de Freud "Luto e Melancolia", no qual Freud escreve que o sujeito faz o luto do "objeto perdido", em vez de dizer da pessoa perdida. Isso se explica porque Freud entendia que a palavra objeto daria conta de designar os vários significados e sentidos que a pessoa amada representa para o sujeito.

No entanto, é a partir de uma construção de Lacan, fundada nessa noção de Freud sobre objeto, que seria possível melhor entender a noção de falta do objeto que aqui pretendo discutir.

---

26. Ibidem, p. 150.
27. Ibidem, p. 151.

Para Lacan, existe o outro com "A" minúsculo e o Outro com "A" maiúsculo, que designa o grande Outro, imagens antropomórficas do poder; o outro com "a" minúsculo diz respeito ao nosso objeto, o *alter* ego (outro-eu).

O objeto A, portanto, seria o outro, não importa sob que representação: uma pessoa, um corpo, uma imagem, uma representação simbólica de qualquer ordem.

Em *Psicologia das Massas e Análise do Ego*[28], Freud apontou, entre outros tipos de identificação, aquele em que se dá a identificação do sujeito com um traço do objeto, ou seja, com um traço dos seres que amamos ao longo da vida. Tal concepção supõe que esse traço corresponde a uma marca que se repete ao longo da história do sujeito com os sucessivos parceiros, e que nada mais é do que a somatória de traços que representa o próprio sujeito. Daí a ideia de Lacan de que o sujeito é o traço comum dos objetos amados e perdidos ao longo da vida, o que ele chamou de *traço Unário*.

É o que explica Nasio: "O outro amado é a imagem que amo de mim mesmo, o outro amado é um corpo que prolonga o meu; o outro amado é um traço repetitivo com o qual me identifico."[29]

A partir dessa concepção, Nasio propõe três formas diferentes pelas quais o outro pode ser definido: a primeira, imaginária: o outro como imagem; a segunda, fantasística: o outro como corpo; a terceira, simbólica: o outro como traço que condensa uma história. Essas três possíveis formas de definição do outro não esgotam a noção do outro, pois nunca é possível identificar quem é o outro escolhido pelo sujeito. Isto é, não é possível precisar esse lugar não identificável em que aparece o objeto A.

Das três propostas feitas por Nasio para pensar o outro, é a fantasística que mais se aproxima do conceito lacaniano de objeto A: o outro escolhido como parte fantasística (o outro como corpo)

---

28. S. Freud apud J.D. Nasio, *Cinco Lições Sobre a Teoria de Jacques Lacan*, p. 94.
29. J.D. Nasio, *Cinco Lições Sobre a Teoria de Jacques Lacan*, p. 94.

e gozosa de meu corpo, uma extensão de mim de que não tenho controle, que me escapa.

A partir da teoria lacaniana, Nasio propõe pensar o estatuto formal do objeto A para se entender melhor o que seria a ideia de outro como parte gozosa de meu corpo.

Tudo o que chamamos passado, isto é, acontecimentos na história de um sujeito, ou, numa terminologia lacaniana, significantes, Nasio propõe conceituar a partir do par s1 e s2: o objeto A se definiria em função dessa rede.

O estatuto formal do objeto A dá conta da relação do objeto A com o conjunto dos significantes e com o significante do Um. O objeto A corresponde, segundo Nasio, a algo heterogêneo à rede dos significantes. Isto é, o sistema produz algo que lhe é heterogêneo, estranho e excedente, e essa produção é uma operação semelhante, ainda que de outra ordem, à da manifestação do significante S1 (o dito).

No que diz respeito ao objeto, Nasio não nos fala de um elemento externo, mas de um "excedente" do sistema; portanto, o objeto A é o heterogêneo excedente criado pelo próprio sistema formal dos significantes.

Como produto excedente, o objeto A é diferente do elemento significante e, nesse sentido, margeia o conjunto de significantes.

O sistema, portanto, se compõe de dois elementos: um elemento externo (s1 – o dito) e um produto eliminado (A). O significante externo s1 é absorvido no conjunto dos significantes, sua natureza é simbólica; ao contrário, o objeto A é de natureza real, é heterogêneo ao conjunto significante. A ordem simbólica implica que todos os elementos são homogêneos, todos estão sob a ordem das leis que regem a lógica do significante; o objeto A contraria essa lógica.

O estatuto formal do objeto A nos dá uma ideia do seu funcionamento. No entanto, Nasio sugere ainda que seria possível identificar o objeto A com o furo na estrutura do inconsciente, isto é, com o vazio deixado pelo significante da cadeia transformado em margem. A ideia de furo, aqui, está subentendida não como um orifício concreto, mas como um "vazio aspirante".

É possível imaginar o objeto A como o furo da estrutura e entendermos que ele é uma força que anima e atrai os significantes e dá firmeza à cadeia. A partir dessa ideia de objeto como um furo num processo dinâmico, estamos diante da imagem do gozo.

A afirmação de Nasio de que o objeto A é o furo na estrutura do inconsciente implica em três condições: primeira, o furo é o motor que anima o sistema (*causa*); segunda, a força que anima o sistema chama-se gozo (*mais-gozar*); terceira, o gozo, além de ser a força motriz no interior do furo, é o que mantém o furo.

O furo é então concebido não como, numa visão formal, o buraco na estrutura do inconsciente, mas como margens (bordas) movidas pelo gozo que produz e cria o furo; não há furo sem gozo que coloque em movimento as margens. Na vida erógena e, portanto, na vida psíquica inconsciente, só existem furos criados pela tensão do movimento; mas tal movimento das margens dos orifícios é o movimento do gozo na presença de outro corpo, ele mesmo desejante. A partir dessa concepção, que parte da noção de objeto A como furo, é possível entender que o objeto A é o fluxo do gozo que circunda a margem dos orifícios do corpo e, portanto, motor do inconsciente.

Mas, do ponto de vista da teoria lacaniana, o objeto A pode ser visto também enquanto partes do corpo, isto é, não como pedaços do corpo, mas fantasias, imagens, "simulacros" que implicam o real do gozo.

Talvez fosse o caso de nos determos ainda um pouco mais na ideia de gozo, antes de prosseguirmos na concepção que Nasio chamou de estatuto corporal do objeto A.

Serge Leclaire nos propõe, em *O Corpo Erógeno*, entender o gozo em correlação com a categoria freudiana de prazer. Se o prazer é identificável no nível das zonas erógenas, implicando, pelo princípio do prazer, numa redução de tensão, o gozo é uma categoria estritamente lacaniana e "uma forma de experiência completamente insuperável, um mais além de todo limite"[30].

Onde Freud se interroga sobre o além do prazer, Leclaire coloca a possibilidade do gozo.

No *Além do Princípio do Prazer*, Freud trabalha a noção de pulsão de morte, para a qual usou o termo de princípio de Nirvana, um estado que aparece em contraposição ao projeto de vida, um ignorar as diferenças, as tensões; um prazer absoluto, a pulsão de morte como ato.

Leclaire, por sua vez, coloca o gozo como o mais além de todo limite, e fala da anulação do limite, isto é, do limite como algo que separa, de um lado, a organização biológica, de outro, a organização ou não organização erógena: a perda desse limite elimina toda erogeneidade[31] possível, o biológico e o erógeno não se diferenciam.

O prazer é, portanto, o exercício da erogeneidade sexual a partir da noção da diferença das zonas erógenas do corpo. Ao passo que o gozo se evidencia quando esse limite se desfaz e passa a ser confundido com o objeto.

O funcionamento do prazer é uma espécie de defesa contra o gozo; quando o gozo (mais-gozar) emerge, não há mais erogeneidade: nesse momento, rompe-se o limite que viabiliza a organização erógena, isto é, o aparecimento do desejo, do prazer.

Porém, em situações como essa, o limite se impõe entre a necessidade de conservação e o prazer, ao mesmo tempo que possibilita situar o absoluto do gozo, ou seja, serve de proteção contra ele. Esse limite acontece entre o erógeno e o biológico, entre o prazer e a conservação, isto é, ele pode ser contra algo que ainda se situa na erogeneidade, como o gozo, ou do lado do biológico, como a morte.

30. S. Leclaire, *O Corpo Erógeno*, p. 138.
31. Para Freud, erogeneidade é a propriedade do corpo e de seus órgãos em produzir excitação sexual.

Quando há quebra ou impossibilidade de fazer com que esse limite intervenha, teríamos a realização do gozo. Mas sua realização eliminaria qualquer possibilidade de prazer de vida erógena, assim como qualquer possibilidade de construção psíquica normal.

Retomemos, portanto, a noção de estatuto do objeto A, partindo da ótica lacaniana, que supera a ótica do gozo, para outras formas de visualizar o objeto A, a partir das fantasias, imagens que têm como consequência o gozo.

É possível pensarmos, a partir da ideia de fantasia, como partes separadas do corpo, sob determinadas condições, podem representar "A". Para que essas partes se incluam na categoria de "A", é necessário que respondam a três condições: uma condição imaginária e duas condições simbólicas.

A título de uma melhor possibilidade de compreensão dessas condições, Nasio propõe pensarmos o objeto A sob duas formas particulares: o seio e as fezes, que estão determinadas por uma notável condição imaginária.

São formas que apresentam uma configuração que excede os limites do corpo, ou seja, pela saliência, pela possibilidade de serem pegas, separadas ou até retiradas do corpo, enfim, são formas que convidam ao manuseio.

A primeira condição simbólica baseia-se na relação dessas formas do corpo: o seio – que, em particular, trará a primeira experiência de separação significativa para o sujeito, o desmame – e as fezes, por meio da defecação, estão diretamente relacionados a orifícios e partes do corpo, como a boca em relação ao seio e o ânus em relação às fezes. Essa condição é simbólica justamente porque os componentes que formam esses contornos de partes do corpo são significantes por onde circulam o fluxo do gozo e sua permanência.

Outros objetos, no entanto, não são passíveis de serem representados; por exemplo, a voz e o olhar, que não dependem de uma condição imaginária, estão diretamente ligados a uma condição simbólica, por serem produzidos por bordas, com formas particulares de manifestações.

A segunda condição simbólica se baseia no fato de que os objetos são separados do corpo, por meio do ato do falar (o dito). Essa fala seria, retomando o exemplo do seio, a primeira fala, a fala que separa o seio do corpo da mãe do bebê: é o choro, o grito. É por meio do choro que a criança demanda a mamada e é a partir daí que ela se mostra autônoma como sujeito do desejo. A criança se diferencia do corpo da mãe, mas conserva consigo a imagem mental do seio nutridor, que passa a ser seu.

Não é a fala propriamente dita que causa essa separação; a demanda em forma de fala não designa jamais de maneira fidedigna o objeto querido. Sabemos da discrepância entre coisa e linguagem, entre a coisa e o que se usa como fala para designá-la, isto é, entre o choro, o grito que apela, e o seio. O grito passa por várias interpretações: frio, desconforto, sono, até ser entendido como fome.

Isso quer dizer que a demanda é um corte no real, a demanda "erra o alvo do seu objeto", a demanda transforma o objeto real desejado em uma abstração mental, imagem alucinada; essa imagem é o objeto do desejo ou objeto A.

A criança pode ter saciado sua fome e ainda assim abstrair o seio, alucinar o seio, como se não tivesse mamado. O seio alucinado é o seio do desejo, isto é, a relação da criança com o seio imaginado está diretamente ligada à relação da mãe com o seu próprio corpo: "O seio do desejo da criança depende do desejo da mãe de dar o seio."[32]

Esse desejo materno excede o desejo de alimentar o filho, é o desejo erótico, é preciso que haja dois desejos em jogo, o da mãe e o do filho. A insatisfação da criança já alimentada como se a fome ainda persistisse; não é fome do alimento, é a fome do

---

32. J.D. Nasio, *Cinco Lições Sobre a Teoria de Jacques Lacan*, p. 104.

desejo de alimentar seu desejo. Ao alucinar o seio a criança alucina o objeto do desejo.

No entanto, o objeto do desejo não pertence nem ao filho e nem à mãe: o objeto do desejo, para usar uma expressão de Nasio, "está entre os dois".

Essa é uma característica do objeto A, é algo que se localiza entre a criança (sujeito) e a mãe (outro).

O objeto A, na verdade, não é palpável, é algo nebuloso, difícil de simbolizar, isto é, de transformar num significante (dito). No entanto, a condição simbólica para que haja objeto é a de uma dupla demanda: só é possível um bebê que demanda um seio porque existe uma mãe que o reconhece como tal.

Nasio recorre a Freud a propósito de explicar esse processo de mão dupla, em que a criança alucina o seio e, ao alucinar, se identifica com ele[33]; a criança é o seio que ela alucina. A criança expressa a relação objetal pela identificação, ela é o objeto.

---

33. Ibidem, p. 113.

4.
O Corpo Negro Como Categoria Imaginária e Simbólica

Para a psicanálise, o corpo é irrepresentável. Impossível de ser capturado numa representação, o real do corpo permanece, fantasmaticamente, ligado às experiências arcaicas de despedaçamento, anteriores à fase do espelho. Se o corpo real corresponde ao lugar do gozo na dimensão da falta que produz o objeto A, como vimos nas seções anteriores, é enquanto corpo imaginário e corpo simbólico que o corpo vai se inscrever na dimensão psíquica.

Corpo imaginário corresponde à imagem totalizadora que a criança conquista na fase do espelho, e que lhe advém, como vimos, pelo reconhecimento do outro: é nessa experiência fundadora que se produzem as estruturas de identificação. Se o corpo imaginário constitui um todo, uma imagem, um *continuum* de ligações, o corpo simbólico corresponde a uma forma significante, isto é, a algo que, como parte, representa, numa relação simbólica, aquilo que escapa à representação. Na dimensão simbólica será, portanto, um pedaço, um aspecto do corpo, devidamente simbolizado, isto é, investido de significação, que emerge como marca de uma totalização impossível.

É desse ponto de vista que procurarei explorar as dimensões imaginária e simbólica do corpo negro e que, a meu ver, produzem certas vivências psíquicas singulares que – é o que pretendo sugerir – constituem, para o negro, aspectos particulares da sua condição subjetiva.

É dessa perspectiva que tentarei discutir a complexidade do processo do espelho que, para o negro, produz um processo de identificação com a "brancura" enquanto justamente aquilo que, na sua imagem especular, lhe escapa. E é também considerando a pele negra como significante, do ponto de vista do corpo simbólico, como aquilo que representa a condição de negro para negros e não negros, que tentarei explorar os sentidos que a tal significante se associam, nas redes simbólicas da formação social assim constituída.

Explorando as dimensões imaginária e simbólica que a experiência de ser portador de um corpo negro produz, pretendo chamar a atenção para aspectos da vivência psíquica dos negros que, em geral, não são levados em conta nas abordagens sociológicas da condição de negro, mas que, a meu ver, são constitutivas dessa condição.

Imagem do Corpo e Esquema Corporal: O Indivíduo e a Espécie nas Formas de Representação do Corpo

Françoise Dolto, psicanalista infantil, em seu livro *A Imagem Inconsciente do Corpo*, estabelece uma distinção entre os conceitos de imagem do corpo e de esquema corporal, cujos sentidos não raro confundimos. O esquema corporal indica a condição de representante da espécie do indivíduo, sendo comumente o mesmo para todos; já a imagem do corpo não se define a partir desse inexorável pertencimento genérico à espécie humana: ela é única a cada um, específica, está ligada ao sujeito, à sua história; é inconsciente e sustentada no narcisismo.

A imagem do corpo é uma construção imaginária determinada pelo fato de que o aparelho psíquico se estrutura nas instâncias psíquicas do id, do ego e do superego, tal como propôs Freud. Para

Dolto, o mediador das instâncias psíquicas (id, ego e superego), nas representações metafóricas expressas por um sujeito, é a imagem do corpo. Nesse sentido, a imagem do corpo estará envolvida em todas as formações do aparelho psíquico.

Dolto afirma que, por meio das expressões apresentadas nos desenhos e modelagem, as crianças falam de seus fantasmas. As produções infantis são "verdadeiros fantasmas representados", que tornam possível a percepção das estruturas psíquicas. Tal percepção é possível porque as crianças humanizam suas criações, isto é, as antropomorfizam e, quando falam ao analista, é possível estabelecer associações entre o que dizem de suas criações, bases de seus fantasmas, na relação transferencial, e as características pictóricas dessas expressões.

Para as crianças e os psicóticos, que não conseguem falar objetivamente sobre seus sonhos e fantasmas, como fazem os adultos nas associações livres, a imagem do corpo é o mediador que lhes permite expressá-los e, para o analista, a forma pela qual pode percebê-los.

No entanto, diz Dolto: "a imagem do corpo não é a imagem que é desenhada ali, ou representada na modelagem; ela está por ser revelada pelo diálogo analítico com a criança."[1]

A imagem do corpo não se relaciona somente com o imaginário, é também da ordem do simbólico, representando um signo da estrutura libidinal como o cerne de um conflito que deverá ter seu entrave desfeito por meio da palavra da criança. Existe aí algo a ser dito, a ser "decodificado", que não está em poder do analista, mas da criança.

Quanto ao esquema corporal, diz Dolto, "é uma realidade de fato, sendo de certa forma nosso viver carnal no contato com o mundo físico"[2]. Desse modo, as experiências por nós vivenciadas serão determinadas pelas condições físicas do organismo, conforme este apresente um estado de integridade ou lesões, passageiras ou

1. F. Dolto, *A Imagem Inconsciente do Corpo*, p. 9.
2. Ibidem, p. 10.

permanentes, de caráter neurológico, muscular ou ósseo, ou sensações fisiológicas dolorosas, viscerais ou circulatórias.

Problemas orgânicos precoces, mesmo que circunstanciais, resultam em perturbações do esquema corporal; mas, por falta ou interrupção das relações do que Dolto denominou de "imagem falante do corpo"[3], podem resultar em modificações passageiras ou permanentes da imagem do corpo. No entanto, não é incomum a coexistência de um esquema corporal enfermo e uma imagem sã do corpo.

A simbolização de uma imagem do corpo não enfermo depende da aceitação, pelos pais, do problema da criança para que, apesar do problema, essa possa ser reforçada positivamente em suas possibilidades, garantindo a humanização da criança.

Quando, ao contrário, a mãe é incapaz de falar à criança de sua diferença, enquanto a criança, no decorrer de seu desenvolvimento, vai se dando conta das diferenças reais entre seu corpo e o corpo das outras crianças, haverá dificuldades para que a criança passe pelas várias etapas do desenvolvimento.

Em geral, a criança fica impedida de superar a castração oral, constituída pelo desmame e, consequentemente, não terá condições de superar as castrações posteriores, tornando-se dependente da mãe numa fixação fóbica. "A imagem do corpo é, a cada instante, para o ser humano, a representação imanente inconsciente em que se origina seu desejo."[4]

Partilhando da mesma proposição de Freud, Dolto pensa que as pulsões que visam à realização de desejo são de vida e de morte. As pulsões de vida estão invariavelmente ligadas a uma representação, ao contrário das pulsões de morte, que escapam à representação. A pulsão de morte não representa o desejo de morrer, mas se caracteriza pelo desinvestimento erótico nas relações

---

3. Para Dolto, a "imagem falante do corpo" constitui o conjunto das formas verbais em que a imagem do corpo pode se representar e se expressar.
4. Ibidem, p. 24.

com o outro, tal como se pode perceber em estados de repouso, de sono profundo, de ausências e de coma.

Sendo assim, a relação da criança com seus progenitores é de grande importância para que a pulsão de vida na criança se sobreponha à pulsão de morte, isto é, para que seu investimento erótico e autoerótico aconteça nas relações com o outro, em vez de um desinvestimento e consequente cisão consigo mesma que não permitiria à criança a elaboração de sua imagem do corpo.

A imagem do corpo não provém de um "dado anatômico natural, como pode ser o esquema corporal"[5], ela se constrói na história do sujeito. Dolto analisa o modo como ela se elabora e se constitui ao longo do desenvolvimento da criança, propondo a distinção entre três modalidades: imagem de base, imagem funcional e imagem erógena que, em conjunto, formam a imagem do corpo vivente e o narcisismo do sujeito, nos diferentes estágios de sua evolução.

A imagem de base permite à criança sentir-se em uma "mesmice de ser", em uma continuidade narcísica, a despeito das mutações e dos deslocamentos impostos a seu corpo. Para Dolto, narcisismo se define "como a mesmice de ser, conhecida e reconhecida, indo-devindo para cada um no espírito de seu sexo"[6].

A imagem de base se refere fundamentalmente à constituição do que Dolto denomina de narcisismo primordial, compreendido como "narcisismo do sujeito enquanto sujeito do desejo de viver, preexistente à sua concepção. Seria este o chamado para viver em uma ética que sustenta o sujeito a desejar". É nesse sentido que a criança "é herdeira simbólica do desejo dos genitores"[7]. Cada estágio do desenvolvimento corresponde a uma imagem de base: após o nascimento, uma imagem de base respiratória – olfativa – auditiva, seguida de uma imagem de base oral, envolvendo toda a zona bucal e faringo-laringal, que se soma à primeira e, finalmente,

5. Ibidem, p. 37.
6. Ibidem, p. 38.
7. Ibidem.

a terceira imagem de base, a anal, soma-se às duas anteriores acrescentando-lhes os mecanismos de retenção ou expulsão da parte inferior do tubo digestivo.

Quanto à imagem funcional, segundo componente da imagem do corpo, é a que possibilita ao sujeito a realização do seu desejo. É por meio da imagem funcional que as pulsões de vida, após serem subjetivadas no desejo, buscam alcançar prazer, objetivando-se na relação com o outro e com o mundo.

Já a imagem erógena, terceiro componente da imagem do corpo, é "associada a determinada imagem funcional do corpo", onde se focaliza o prazer ou o desprazer erótico na relação com o outro.

Esses três componentes da imagem do corpo se articulam de maneira dinâmica, transformando-se, remanejando-se e metabolizando-se ao longo das vivências do sujeito e dos limites com que ele se depara sob a forma de castrações que lhe são impostas, de modo que a imagem de base possa garantir sua "coesão narcísica". Mas, para isso, diz Dolto, é necessário que a imagem funcional, permitindo uma ação adequada, garanta a integridade do esquema corporal; e que a imagem erógena "abra ao sujeito o caminho de um prazer partilhado, humanizante naquilo que tem como valor simbólico"[8].

A imagem do corpo é a síntese em constante devir das imagens de base, funcional e erógena, "ligadas, entre si, através das pulsões de vida", num atualizar contínuo para o sujeito ao nível do que Dolto chamou de imagem dinâmica[9].

A imagem dinâmica é o "desejo de ser" prosseguindo em um advir, a falta que propulsiona para o desconhecido. Sem uma representação própria, a imagem dinâmica é a "tensão de intenção": "A imagem dinâmica expressa em cada um de nós o Sendo, chamando o Advir: o sujeito no direito de desejar, eu gostaria de dizer 'desejância'."[10]

8. Ibidem, p. 43.
9. Ibidem, p. 44.
10. Ibidem.

A "Inumanização" do Negro

Para entendermos a posição do negro no que diz respeito às representações associadas ao corpo, tal como a percebemos hoje, é necessário levarmos em conta a herança do sistema socioeconômico escravagista, que não só atribuía ao negro o lugar de mão de obra escrava, com todas as implicações sociais de condições de vida miseráveis, mas que também construiu teorias que, em última instância, tinham como objetivo tomar o efeito pela causa, ou seja, atribuir as condições de vida que os negros efetivamente experimentavam a limites e tendências "naturais".

Louis Conty[11], médico francês radicado no Brasil como professor da Escola Politécnica, realizou, em 1878, estudos sobre a realidade brasileira dando especial ênfase à população negra que, na ocasião, vivia o processo que culminou com a abolição. Tal processo, embora lhe tenha atribuído a cidadania, na realidade não a libertava, pois não lhe garantia as condições necessárias para o exercício dessa cidadania; e, além disso, não obstante a abolição, permaneceria por tempo indeterminado o cativeiro psíquico de uma imagem que, com o crivo da ciência, justificaria uma "inumanidade" do negro. Conty cita estudos já feitos anteriormente, pesquisas científicas que, tendo estudado a conformação do cérebro africano, pretendiam atestar sua incapacidade mental.

Para esse pensamento "científico" marcado pelas ideias racistas da época, os negros africanos, porque seriam oriundos de um continente de terras inférteis, não conheciam formas de organização social, desconhecendo as ideias de família e propriedade; portanto, roubavam e matavam para ganhar a vida. Pode-se perceber, nesse tipo de reflexão, a influência do pensamento naturalista da época.

Os negros, segundo Conty, eram sujeitos afeitos à vagabundagem, recusavam-se a trabalhar, tinham tendências ao alcoolismo e

11. Apud C.M.M. Azevedo, *Onda Negra, Medo Branco*, p. 76-82.

à marginalidade (resultado de sua inferioridade racial). Os negros revelavam-se indiferentes em suas relações sociais: não se importavam com os laços filiais e suas mulheres eram objetos servis; não formavam famílias, eram por natureza desagregados; conviviam com a violência de modo indiferente e apático, isto é, como não eram sensíveis aos castigos violentos a que eram submetidos, não construíam uma consciência moral e ética, o que, para Conty, mostrava que os negros eram potencialmente selvagens, atestando sua incapacidade de serem cidadãos.

É interessante observar como, nesse pensamento, a diferença de cor, que seria o traço mais visível, não é o tema central desse discurso que visa descrever as diferenças da população negra: trata-se antes de pôr em jogo o conceito de raça que legitimaria, por meio de um dado "natural", alguns comportamentos (determinados pelas condições de vida na escravidão) que, no entanto, eram explicados não em função das condições objetivas mas de "disposições inatas".

Ainda que Conty não faça uma descrição objetiva do "corpo negro", em seu discurso está subentendido um esboço desse corpo, que foi se conformando ao longo da história. Nesse esboço, Conty estabelece uma associação direta das características do corpo negro com valores morais e éticos depreciativos. Essa visão, embora caricata, subsiste ainda, de alguma forma inscrita num dado universo de teorizações científicas, que deram e ainda hoje dão suporte às representações que fazem parte das construções imaginárias socialmente elaboradas sobre o negro.

Tomemos, como exemplo, uma fala de Darrel Flynn, apresentador do programa de entrevistas "The Klan in Akadiana" ("A Klan em Akadiana"), na Louisiana, EUA, muito reveladora dessas construções imaginárias sobre o negro:

> FOLHA – Você é incapaz de conviver com as diferenças?
> FLYNN – Sim, porque eles são uma raça violenta. Você já percebeu que os dentes dos negros são mais parecidos com os de orangotangos do que com humanos? O cérebro dos negros é dez

gramas menor do que o dos brancos. Eles têm um osso a mais em cada pé. Eles são diferentes.[12]

A Dissociação Narcísica na Imagem do Corpo para o Negro

Dolto, quando fala da imagem de corpo e esquema corporal, traça diferenças importantes. O esquema corporal define o indivíduo como representante da espécie, condição genérica que, em princípio, é igual para todos.

Até que ponto, na medida em que o negro é atravessado pelas representações depreciativas em relação ao corpo negro, é possível, para ele, a construção de uma imagem de corpo em que a condição genérica esteja preservada?

Penso que até mesmo o que por herança nos daria um sentimento de humanidade e pertencimento fica abalado quando muitos negros rejeitam sua conformação física e se tornam desejantes de características físicas que os aproximem "do branco", que os "humanizem".

Não é incomum os negros que lançam mão de cirurgias plásticas numa tentativa de, via o flagelo corporal, modificar suas características físicas. Não raro as mães negras, por meio de métodos deploráveis, tentam modificar as características físicas de seus bebês, para que não cresçam com seus narizes chatos ou nádegas volumosas.

Por outro lado, a imagem do corpo é individual e estritamente ligada à história do sujeito. Suporte do narcisismo inconsciente, é simbolicamente o perfil do sujeito desejante. Que sujeito desejante é o negro, que vê no seu equipamento para satisfação do desejo,

12. Ku Klux Klan tem Horário em TV Pública, *Folha de S.Paulo*, 12 jun. 1996, disponível em: <https://www1.folha.uol.com.br/>.

o corpo, desde já um entrave – sua cor? Um corpo que é a negação daquilo que deseja, pois seu ideal de sujeito, sua identificação, é o inatingível – o corpo branco.

Não é incomum o sentimento que nós, negros, experimentamos de nunca sermos suficientemente bons nas relações ou funções sociais por nós assumidas: não basta sermos bons, temos que ser os melhores e exemplares, depositários que somos do desejo de pais que projetaram em nós o sujeito que foram impedidos de ser.

Essas aspirações que, a princípio, têm origem no desejo dos pais, na verdade representam, para o negro, a impossível superação do incômodo de sermos portadores de um "corpo negro".

Há uma dissonância, aí, entre esquema corporal e imagem do corpo, que se expressa quando o negro idealiza para si uma imagem de corpo que não corresponde a seu esquema corporal – quando é este que, teoricamente, daria ao negro o sentimento de universalidade, de pertencer à espécie humana.

Seu esquema corporal é retaliado pela cor da pele, pelos tipos de cabelo etc., e essa diferença não é aplacada pelos pais, mesmo quando trabalham uma imagem de corpo mais saudável, porque seus corpos também estão atravessados pelo mesmo estigma.

O que Dolto coloca como "imagem de base", a "mesmice de ser", a continuidade narcísica, para o negro aparece como comprometida, prejudicando sua coesão narcísica.

Não é difícil para mim, enquanto psicanalista, enumerar situações em que pacientes, em suas sessões, expressam esses fantasmas. Como M., que me dizia: "Precisava, quando criança, tomar vários banhos para tirar a minha sujeira." Ou C., uma secretária negra: "Preciso estar sempre apresentável, e ser eficiente, para que não me chamem de negra, não suportaria; quando imagino essa situação, sinto meu corpo rachando e sumindo no chão, como nos desenhos animados."

A Imagem do Corpo Como Rosto

Enquanto Françoise Dolto trabalha a imagem inconsciente do corpo, traçando a diferença entre imagem do corpo e esquema corporal, Sami-Ali trabalha a questão do corpo a partir da dialética entre o real e o imaginário, psique/soma, para entender a unidade psicossomática constitutiva do homem a partir do referencial psicanalítico.

Para Sami-Ali, na constituição da imagem do corpo, o rosto e o sexo se destacam como pontos relevantes. O rosto é "o lugar onde se afirma a dupla identidade sexual e simbólica dos sujeitos"[13].

Mas o rosto só pode ser percebido no plano da visão por um outro, ou pelo próprio sujeito através do espelho; para o sujeito, só é possível ter acesso direto ao rosto pelo tato, e não pelo olhar: o rosto é o invisível onde se revela o visível.

É um fato que o sujeito tem, para si, um rosto que transcende a série de manifestações que ele possa exibir, mas não se trata da simples possibilidade de um ser que supera o *parecer*; trata-se, antes, de uma "ambiguidade radical", que é o se apropriar de um rosto que se esboça e passa a ter existência a partir do "ponto de vista dos outros"[14].

Sami-Ali recorre ao mito de Narciso para explicar essa "ambiguidade radical". No mito de Narciso, "o conhecimento de si é sinônimo de morte", o que, segundo Sami-Ali, mostra a ambiguidade desse conhecimento.

O mito se dá, diz Sami-Ali, em torno do rosto que representa o corpo em sua totalidade. Quando Narciso vê o reflexo de seu rosto na água, na medida em que a imagem que reconhece é a de um outro, ele, "sem se dar conta, deseja a si mesmo... O que ele

13. M. Sami-Ali, *Corpo Real. Corpo Imaginário*, p. 108.
14. Ibidem.

vê? Ele não sabe, mas o que ele vê o consome; o mesmo erro que engana seus olhos excita-os"[15].

A exatidão do reflexo da imagem de Narciso fascina-o, impedindo-lhe um distanciamento; mantém a ilusão, destruindo-a ao mesmo tempo: quanto mais ele tenta se aproximar, mais se afasta do objeto.

Ele não se engana por muito tempo: "Mas essa criança sou eu!" Narciso se reconhece como um outro que é ele mesmo, e essa alteridade, pela qual se mede o fato de que ele é estranho a si mesmo, em vez de liberá-lo do fascínio do objeto, vai ligá-lo a ele até a morte.

Narciso morre diante de sua imagem, a qual, aliás, não cessará de contemplar durante sua permanência no inferno, nas águas do Estige, deixando um corpo que se transforma em "uma flor cor de açafrão cujo centro está rodeado de brancas pétalas"[16].

Sami-Ali aponta que, se atentarmos ao mito de Narciso tal como se expressa no poema de Ovídio, pode-se reconhecer, além do "narcisismo formal" que coloca "o sujeito em confronto com sua imagem", um "narcisismo material" que funda a identidade do sujeito e do objeto: Narciso e a fonte que o separa a si mesmo e sua imagem fazem parte do engano das origens: "O espelho é um rosto e o rosto é um espelho."[17]

O autor encontra três momentos no mito que representam os três momentos lógicos da experiência do rosto: "Narciso percebe um outro em vez de perceber-se a si mesmo; identifica esse outro como sendo ele próprio; e finalmente esse outro remete novamente, no nível da imaginação material, a um outro que não é o próprio sujeito."[18]

15. Em Ovídio, à descoberta de si (nesse mito de origem alexandrina), acresce-se tardiamente um episódio complementar: o amor infeliz da Ninfa Eco por Narciso, da qual este foge desesperadamente, sendo por isso condenado a apaixonar-se por um objeto eternamente inacessível; apud M. Sami-Ali, op. cit., p. 108.
16. Ovídio, *Metamorfoses*, Livro I, versos 509-510.
17. M. Sami-Ali, op. cit., p. 109.
18. Ibidem.

Ressaltando o fato de que a teoria psicanalítica revelou o segundo momento de Narciso, Sami-Ali procura esclarecer como a investigação analítica vê essa formulação e de que maneira os fenômenos de regressão permitem "reconstruir" a experiência original do rosto.

A experiência original do rosto não se dá em um "desenvolvimento linear", mas num todo que vai se revelando gradativamente em que, em função do movimento circular, o fim coincide com o começo.

O rosto, no início, é um dado constitutivo do mundo externo, uma forma significativa, "mas surpreende por um vazio ao nível da imagem do corpo". Sem que haja uma perda da identidade pessoal, nesse vazio da não constituição "o sujeito é aquele que não tem rosto". Isso significa o reconhecimento do estrangeiro em si mesmo: "Ser sem rosto e possuir um rosto que se perde em seguida são duas maneiras de expressar uma intuição fundamental do ser."[19]

A Construção da Imagem do Rosto Próprio Pelo Olhar do Outro

Na tentativa de resgatar os três movimentos lógicos da constituição da imagem do corpo que o mito de Narciso expressa, Sami-Ali vai descrever a gênese dessa estrutura no sujeito.

A partir dos três meses, quando se instala a visão binocular, a criança passa a ter a visão do rosto da mãe, sendo a mãe objeto de identificação primária. O rosto da mãe coincide com o "campo visual imediato", dificultando o discernimento entre a experiência de ver e a de ser visto, entre visão e órgão da visão. Trata-se de um processo inicialmente caótico, em que não há diferenciação entre sujeito e objeto.

19. Ibidem, p. III.

O olhar da criança, portanto, é atraído pelas formas da mãe. Assim, tanto em sua transposição projetiva como na sua expressão direta, "o olho confunde-se com aquilo que vê". Isso se dá devido a um efeito do que Sami-Ali chama de narcisismo material, pelo qual o campo perceptivo se revela idêntico ao próprio sujeito. Assim, a percepção tátil do seio da mãe se confunde com a percepção visual do rosto da mãe e, nesse sentido, numa relação de parte a todo, a imagem do rosto da mãe representa o corpo. Por outro lado, na medida em que não há diferenciação, nesse estágio, entre a criança e a mãe, a criança toma a imagem do corpo da mãe como própria. Nessa construção teórica, Sami-Ali apoia-se em Spitz, que identifica no seio o primeiro objeto tátil[20] e no rosto, o primeiro visual, embora sem considerar toda a questão do ponto de vista da subjetividade.

Inicialmente a criança percebe o rosto do outro – o da mãe – como sendo seu próprio rosto, o que corrobora as observações que atribuem à criança o rosto visível a partir do olhar do outro: "No primeiro tempo do processo de reconhecimento do sujeito, ele não tem um rosto; no segundo, ele tem o rosto do outro; no terceiro, ele percebe o rosto como sendo outro."[21]

Nesse terceiro momento não se trata, para a criança, de uma percepção do outro em si, ou do outro em relação a ela mesma, mas do outro que se diferencia em relação a outros: assim, a mãe e o pai, da perspectiva da criança, são percebidos como estranhos entre si. Essa percepção da criança de que existem outros rostos diferentes do da sua mãe significa, para ela, pressentir a possibilidade de ela mesma ser um rosto diferente do da mãe.

É nesse sentido que Sami-Ali contesta a proposição de Spitz, segundo quem a angústia do oitavo mês – quando a criança reage mal diante de estranhos – se deve a uma vivência de perda do primeiro objeto. Para Sami-Ali, ao contrário, o horror que a criança manifesta

20. René Spitz apud M. Sami-Ali, op. cit., p. 119.
21. M. Sami-Ali, op. cit., p. 120.

diante do rosto estranho mostra a experiência da alteridade, quando a criança se dá conta de que há outros rostos, estranhos, diferentes do rosto da mãe e, nesse sentido, da possibilidade de ela própria ter um rosto diferente do da mãe – vale dizer, um rosto estranho. Assim, diz Sami-Ali: "A angústia do oitavo mês, quando ocorre, revela essa dupla constituição do outro como outro e do sujeito como outro em relação a esse outro."[22] É nesse sentido que, na dimensão da alteridade, isto é, da existência de outros indivíduos que são distintos dele próprio, o estranho se revela para o sujeito, não somente no outro, mas como implicando o próprio sujeito.

"Diferença do rosto desconhecido relativamente ao rosto da mãe, diferença do rosto desconhecido em relação ao rosto do sujeito"[23]: por meio de que mediação se dá, para o sujeito, a aquisição de um rosto que lhe falta no primeiro tempo? Essa mediação se dá por meio do processo de projeção, que dependerá da evolução individual, resultando na formação de um "espaço delimitado por um dentro e um fora"[24] – fora que não mais será o do rosto da mãe que a criança pôde antes confundir com o seu, mas que será o de um rosto que é capaz de tornar-se outro, porque não mais se confunde com o seu.

A angústia do oitavo mês se dá no momento em que a identificação do rosto dá lugar a uma projeção; e, nesse momento, se estabelece simultaneamente a diferença e a distância em relação a um outro *self*: "Daí decorre a profunda identidade entre o familiar e o estranho revelada por um sentimento de inquietude sempre que se opera a objetivação incerta do rosto do outro que foi, de início, o rosto do sujeito."[25]

É nesse processo que o sujeito se descobre como duplo, pois a imagem de si, garantida num primeiro momento pela identificação

22. Ibidem.
23. Ibidem.
24. Ibidem, p. 121.
25. Ibidem.

com o rosto da mãe, se vê afetada pela dimensão de alteridade, que produz para o sujeito uma perda de si mesmo no estranho. É esse processo que Sami-Ali chama de "angústia de despersonalização".

Num primeiro momento, o sujeito ainda não atingiu sua identidade corporal, portanto é incapaz de construir objetos idênticos a si mesmo. Quando, numa situação vivenciada pela criança como ameaçadora, atenuada a sensação de angústia de perda do objeto primordial, "o outro se manifesta ao mesmo tempo como sujeito e objeto".

Essa ambiguidade, diz Sami-Ali, "é sinal de que está se efetuando uma projeção para criar uma imperceptível distância com relação ao rosto do outro e, assim, permitir que o sujeito se constitua como outro em relação a si mesmo"[26].

Somente quando essa experiência se dá é que a criança adquire a noção do estranho como duplo de si mesma.

Sami-Ali destaca três variáveis que marcam a complexidade do processo de distanciamento da criança que levará da identificação à projeção da figura materna. Na primeira, a criança consegue viver de maneira menos aterradora a experiência de expulsão das próprias fezes, assimiladas como parte de seu corpo ou parte da mãe, sem que isso represente, para ela, uma separação definitiva. Na segunda, se estabelece a visão binocular como resultado de uma projeção sensorial, como consequência de uma motricidade ocular. Na terceira, por meio do sonho em forma de pesadelo, a criança vivencia e elabora a problemática da ausência e da presença. É esse o quadro que, em torno do oitavo mês, norteia a organização psicossomática como um todo.

A partir desse processo, a criança passa a reconhecer no rosto da mãe um outro com o qual ela, anteriormente, se identificou, o que produz um sentimento estranho e inquietante em que a criança percebe a distância entre si mesma e o outro (mãe): "sou e não sou o rosto do outro"[27]. Estranho que é o outro em relação ao

26. Ibidem.
27. Ibidem, p. 124.

outro, isto é, o próprio sujeito. Ao projetar seus impulsos, a criança disporá das noções de estranho e ruim, de familiar e bom. Aqui, bom e ruim se relacionam à elaboração da criança em relação à presença e à ausência da figura materna, representando uma clivagem do sujeito e do objeto.

Para Sami-Ali, é sob esse fundo que se dá, para a criança, a experiência do espelho: se, de um lado, ela dá acesso, para o sujeito, à identidade enquanto rosto, essa, uma vez atravessada pela dimensão da alteridade, produz uma vivência ambivalente, o sentimento de possuir um rosto (enquanto um dentro) e, ao mesmo tempo, não possui-lo (enquanto um fora).

A experiência do espelho, segundo Sami-Ali, coloca desde o início o sujeito em contraposição com o outro, um outro que ainda não é o próprio sujeito.

Sami-Ali faz referência àquilo que Wallon chama de "realismo das imagens"[28], a experiência em que a criança, que já tem o rosto da mãe, mas ainda não seu próprio rosto, vivencia a aquisição da imagem de seu rosto. Ocorre uma perfeita sequência coordenada das aparências visuais e das sensações táteis e cenestésicas: assim, o sujeito se reconhece na imagem refletida do espelho.

Aparentemente, ele consegue coincidir consigo mesmo, mas, na realidade, há uma ruptura completa com o que ele é. A imagem reflexa não coincide com a representação da criança como sujeito – representação essa que se formou na relação com o "outro".

Portanto, a existência do sujeito só é passível de apreensão como uma entidade visual do outro, isto é, da posição do outro. Fora da imagem reflexa do espelho, o sujeito volta a ser o outro que ele era antes da imagem refletida e que nunca deixou de ser. Esse mecanismo se dá em função do desenvolvimento do processo de projeção que, ao se repetir, permite ao sujeito superar seus pontos de fixação.

28. Henry Wallon apud M. Sami-Ali, op. cit., p. 125.

O Rosto Próprio Como Estranho

O reconhecimento de si no espelho conforma uma projeção, não realizada em função das dificuldades em se reconhecer. No entanto, a proximidade da imagem objetivada em relação ao sujeito suscita, a princípio, um sentimento de estranho inquietante em relação ao duplo especular. Um sentimento muito próximo do que a criança vivenciou no momento em que, inicialmente, ela percebe o rosto da mãe, com o qual ela se identificou, como podendo ser o outro. Portanto, o mal-estar que a princípio a criança sente diante do desdobramento do sujeito no espelho prenuncia o início de uma projeção que interrompe a identificação primordial com o rosto do outro: "sou outro diferente do outro, logo sou eu mesmo"[29].

Mas esse "eu mesmo" que o espelho reflete, numa realidade virtual, é, no entanto, novamente um outro. A experiência do espelho, portanto, se caracteriza por um processo de desidentificação do rosto da mãe, para um processo de identificação com o rosto do próprio sujeito. Entre esses dois processos, toda sorte de percepção possível pode ocorrer, do familiar ao estranho, que vão aparecer sob várias formas de afetos, do medo ao constrangimento. Sentimentos como o que nos descreve Freud, em texto de 1919, *O Estranho*, em que relata o equívoco de que foi vítima quando, pensando ter entrado em sua cabina um estranho durante uma viagem, se precipita para mostrar-lhe o seu desagrado pela invasão, quando percebe que o estranho que pretendia expulsar nada mais era do que seu próprio rosto refletido no espelho da porta de comunicação. Diz Freud: "Recordo-me ainda que antipatizei totalmente com a sua aparência."[30]

Sami-Ali lança mão de um conceito de Lacan, "a assunção jubilatória", para explicar que a criança da fase do espelho, dependente da mãe para se alimentar, em processo de desenvolvimento de

---

29. M. Sami-Ali, op. cit., p. 125.
30. S. Freud, *Uma Neurose Infantil e Outros Trabalhos*, ESB, v. XVII, p. 309.

suas funções motoras, está longe de colocar em ação todo o processo dialético da identificação com o outro. No entanto, dá-se aí o deslanchar de um longo processo de projeção que tem como objetivo formar, em sua diferença, o rosto do outro com o qual a criança se identificara de início: "A assunção jubilatória adquire então uma tríplice significação: é a culminância da separação primordial entre o dentro e o fora; é a superação do estranho inquietante primitivamente ligado à percepção do duplo; e é a confirmação do primado absoluto dessa mesma percepção."[31]

Por ser a experiência do espelho derivada do duplo e não ao contrário, por mais eventual que ela possa ser, não deixa de ser uma experiência em que a criança vivencia a perda da sua subjetividade enquanto rosto, isto é, a perda do rosto que ela imaginara ter.

A Construção da Imagem do Corpo no Negro: Injunção ou Sobreposição do Racismo?

As proposições teóricas de Sami-Ali podem, a meu ver, lançar nova luz às discussões em torno da condição subjetiva do negro.

O modo como a condição do negro costuma ser pensada pode ser exemplificada pelo comentário de Jurandir Freire Costa, quando afirma que "ser negro é ser violentado de forma constante e contínua e cruel, sem pausa ou repouso, por uma dupla injunção: a de encarnar o corpo e os ideais de Ego do sujeito branco e a de recusar, negar e anular a presença do corpo negro"[32].

Para ele, é a violência racista que, como um peso insuportável, se impõe ao negro, por meio de uma "norma psico-sócio-somática"[33], criada e imposta por uma classe dominante branca. A violência

31. M. Sami-Ali, op. cit., p. 131-132.
32. J.F. Costa, *Violência e Psicanálise*, p. 104.
33. Ibidem.

exercida pelo branco, diz ainda Freire, reside no fato de que as reações racistas se baseiam na destruição da identidade do negro.

À medida que o negro se depara com o esfacelamento de sua identidade negra, ele se vê obrigado a internalizar um ideal de ego branco. No entanto, o caráter inconciliável desse ideal de ego com sua condição biológica de ser negro exigirá um enorme esforço a fim de conciliar um Ego e um Ideal, e o conjunto desses sacrifícios pode até mesmo levar a um desequilíbrio psíquico: isto é, o ideal de ego negro, diz, contraria o que denomina "regras das identificações normativas ou estruturantes"[34].

Esse fato – o processo singular pelo qual o funcionamento do ideal do ego se dá para o negro – pode ser explicado, segundo Freire, se considerarmos os processos pelos quais as regras das identificações normativas ou estruturantes atuam. Tais regras permitem ao sujeito ultrapassar a fase inicial do desenvolvimento psíquico, tendo sua identidade delineada por uma dupla perspectiva: "A perspectiva do olhar e do desejo do agente que ocupa a função materna; a perspectiva da imagem corporal produzida pelo imaturo aparelho perceptivo da criança."[35]

Trata-se, aqui, da fase do processo de construção da identidade do sujeito que chamamos de narcísica, imaginária ou onipotente. Por meio desse processo, a criança tem acesso ao mundo da linguagem, diz o autor, e da cultura, em que a mãe deixa de ser a única referência e definição de sua identidade; acontece a introdução do pai, e de todos os outros sujeitos, sejam partes da família ou da sociedade como um todo. Dessas relações, o sujeito apreende o que lhe é ou não de direito expressar, o que lhe garante a existência em grupo numa dada comunidade histórico-social. Prossegue Freire: "As identificações normativo-estruturantes, propostas pelos pais aos filhos, são a mediação necessária entre o sujeito e a cultura."[36]

34. Ibidem, p. 105.
35. Ibidem.
36. Ibidem.

Essas mediações a que se refere Freire acontecem por meio das "relações físico-emocionais" no seio familiar e do "estoque de significados linguísticos que a cultura põe à disposição dos sujeitos". O ideal de ego seria, portanto, o resultado de todo esse processo, no intercâmbio das relações parentais e sociais, onde se encontra a origem da identidade do sujeito, em que coexistem um investimento erótico do seu próprio corpo e do pensamento, permitindo-lhe uma via de acesso harmoniosa nas relações sociais.

Para o negro, no entanto, essa via de acesso está impedida, afirma ele, pois o modelo de ideal de ego ao qual o negro tem acesso, em troca de suas "antigas aspirações narcísico-imaginárias", está muito além do humanamente possível, psíquica e historicamente: "O modelo de identificação normativo-estruturante com o qual ele se defronta é o de um fetiche: o fetiche do branco, da brancura."[37]

A "brancura" vista da perspectiva do olhar do negro oprimido é, como afirma Freire, uma qualidade transcendental: para esse olhar negro, prevalece a brancura, acima das falhas do branco. A brancura se contrapõe ao mito negro. A ideologia racial, portanto, se funda e se estrutura na condição universal e essencial da brancura, como única via possível de acesso ao mundo.

Embora o negro saiba que sua condição é o resultado das atitudes racistas e irracionais dos brancos, o ideal de brancura permanece: "a brancura transcende o branco"[38].

A "brancura" passa a ser parâmetro de pureza artística, nobreza estética, majestade moral, sabedoria científica etc. Assim, o branco encarna todas as virtudes, a manifestação da razão, do espírito e das ideias: "eles são a cultura, a civilização, em uma palavra, a humanidade"[39].

Apoiado nessas considerações, o autor conclui que é a partir do momento em que o negro se confronta com o racismo que se

37. Ibidem, p. 106.
38. Ibidem.
39. Ibidem.

produz, para ele, esse desejo inatingível, em consequência de suas condições, tanto históricas quanto étnica e pessoal.

O que significa, do ponto de vista da condição subjetiva do negro, o desejo de brancura? Na medida em que o desejo se põe, imaginariamente, como a tentativa de recuperar um momento original mítico, de plenitude, o desejo de brancura supõe, para o negro, a negação de sua condição própria, a negritude – desde a origem.

É desse modo que o "desejo do embranquecimento", afirma, significa o desejo de sua própria morte, do desaparecimento do seu corpo, assim "o sujeito negro, ao repudiar a cor, repudia radicalmente o corpo"[40].

Nos depoimentos analisados por Neusa Santos Souza, na obra *Tornar-se Negro*, fica claro que é com embaraço, desprezo, vergonha e hostilidade que os sujeitos apresentados por ela nos estudos de caso se referem aos atributos físicos próprios a sua condição de negros: "beiço grosso" do negro, "nariz chato e grosso" do negro, "cabelo ruim" do negro, "bundão" do negro, "primitivismo sexual" do negro etc. Sem dúvida, conclui Freire, um dos traços marcantes que a violência racista estabelece via preconceito de cor é uma "relação persecutória entre o sujeito negro e seu corpo"[41].

A identidade do sujeito depende, em grande parte, do corpo ou da imagem corporal eroticamente investida, isto é, a identidade depende da relação que o sujeito cria com o próprio corpo. Daí que: "A partir do momento em que o negro toma consciência do racismo, seu psiquismo é marcado com o selo da perseguição pelo corpo-próprio."[42]

É em função dessa consciência que o sujeito negro passa a controlar, observar e vigiar o corpo que "se opõe à construção da identidade branca" que foi obrigado a desejar. É aí que o sofrimento pela consciência da diferença do seu corpo em relação ao corpo branco faz emergir a negação e o ódio a seu próprio corpo: corpo negro.

40. Ibidem, p. 107.
41. Ibidem.
42. Ibidem, p. 108.

Eu diria, no entanto, que essa condição é mais que uma injunção, como quer Freire. Trata-se de algo que ultrapassa os limites do imposto, mas que se caracteriza como o que proponho chamar de sobreposto.

Negar e anular o próprio corpo não torna o sujeito "outro", visto que só existimos como sujeito em relação ao outro, à alteridade; portanto, ser sujeito é ser outro e ser o outro é não ser o próprio sujeito.

O que somos nós, os negros?

Ser branco significa uma condição genérica: ser branco constitui o elemento não marcado, o neutro da humanidade. Se considerarmos o processo de construção do corpo imaginário, a partir do referencial da psicanálise e, mais especificamente, das proposições de Sami-Ali, podemos supor que, se nada de extraordinário ocorrer na evolução do indivíduo, ele se tornará um sujeito a partir do outro, da alteridade; experimentará, eventualmente, o sentimento de "estranho inquietante", diante de uma experiência inesperada, como a de ser, subitamente, refletido em um espelho ou em uma superfície refletora qualquer, experimentando sentimentos de medo e constrangimento, para em seguida se recompor, reconhecendo-se e não se repudiando, na certeza de que será confirmado sujeito pelo olhar do outro.

Para os negros, no entanto, o estranho inquietante é mais do que o reconhecimento de um eventual outro – estranho – em si mesmo: é o reconhecimento de sua condição de não ser; é o reencontro de um rosto que um processo desrealizante imaginariamente negara. Ser negro não é uma condição genérica, é uma condição específica, é um elemento marcado, não neutro.

O "ser negro" corresponde a uma categoria incluída num código social que se expressa dentro de um campo etnossemântico em que o significante "cor negra" encerra vários significados. O signo "negro" remete não só a posições sociais inferiores, mas também a características biológicas supostamente aquém do valor das propriedades biológicas atribuídas aos brancos. Não se trata, está claro, de significados explicitamente assumidos, mas de sentidos presentes, restos de um processo histórico-ideológico que persistem numa zona de associações possíveis e que podem, a qualquer momento, emergir de forma explícita.

Se o que constitui o sujeito é o olhar do outro, como fica o negro que se confronta com o olhar do outro que mostra reconhecer nele o significado que a pele negra traz como significante?

Resta ao negro, para além de seus fantasmas, inerentes ao ser humano, o desejo de recusar esse significante, que representa o significado que ele tenta negar, negando-se, dessa forma, a si mesmo, pela negação do próprio corpo.

Jurandir Freire Costa nos expõe todo um mecanismo em que deixa muito claro que é por intermédio de algo imposto, a partir de um momento em que a experiência do racismo se dá de modo consciente para o sujeito negro, que se desencadeia, para esse sujeito, o processo de autodestruição, destruição do seu corpo próprio, corpo negro. Esse é o processo que ele qualifica como uma injunção. Como afirmei, a meu ver, no entanto, esse fenômeno corresponde antes a uma sobreposição, pois o encontro com o racismo enquanto experiência consciente vem se sobrepor a um real de recusa do corpo negro que corresponde a uma lembrança arcaica. O que quero dizer é que, ao contrário do que afirma Freire, não há, para o negro, um momento mítico, original, anterior ao encontro com a dimensão social mais ampla na qual o racismo se manifesta: para o sujeito negro esse encontro se sobrepõe à lembrança arcaica de um encontro anterior, a partir do qual suas estruturas narcísico-imaginárias se determinaram.

Como afirma Alfredo Jerusalinsky: "A criança existe psiquicamente na mãe muito antes de nascer, e ainda mais, muito antes de ser gerada."[43]

43. A. Jerusalinsky *Psicanálise do Autismo*, p. 40.

O bebê negro, está claro, não é menos desejado que o bebê branco, para sua mãe que, inconscientemente, deseja o filho. Mas a criança do projeto e do desejo da mãe certamente não está representada no pequeno corpo negro, que o olhar materno, inconscientemente, tende a negar. A mãe negra deseja o bebê branco, como deseja, para si, a brancura.

Isso se explica porque o eixo central do processo que constitui o sujeito não está na satisfação nem na frustração das suas necessidades; para o sujeito humano, não há nenhum mecanismo genético que possa garantir esse processo. A operação que o define se situa, ao contrário, em outro nível – o do significante.

> As falas fundadoras, que envolvem o sujeito, são tudo aquilo que o constitui, seus pais, seus vizinhos, toda a estrutura da comunidade, que o constitui não somente como símbolo, mas no seu ser. São leis de nomenclatura as que determinam, ao menos até um certo ponto, e canalizam as alianças a partir das quais os seres humanos copulam entre si e acabam por criar, não só outros símbolos, mas também seres reais que, ao chegarem ao mundo, logo possuem essa pequena etiqueta que é seu nome, símbolo essencial do que lhe está reservado.[44]

Isso significa que todo ato da mãe para com a criança é parte de um discurso que se expressa em todos os movimentos e atitudes do outro com quem a criança se identifica, e no qual se manifesta o desejo materno: "Sendo que esse desejo se articula no que falta à mãe: o falo, esse fica sendo o orientador dessas identificações que utilizam o imaginário como significante."[45]

Partindo das proposições lacanianas, e entendendo "falo" como o que representa o poder (a plenitude, a felicidade), ao transpor essas proposições para a situação da mãe negra cuja "falta" se expressa enquanto desejo de ser "branca" – portanto, do desejo

44. J. Lacan, *O Seminário, v. 2*, p. 31.
45. Idem, apud A. Jerusalinsky, op. cit., p. 10.

desse poder que ela não detém, que lhe falta –, vemos que a criança negra sofreria na relação original sua *primeira avaria*, pois o que a constitui como sujeito nesse momento original – o desejo da mãe – já estaria impregnado de um significado que é negado no discurso da própria mãe.

Assim, não dispondo de qualquer possibilidade de disfarce da diferença que o constitui, o negro passa por um processo identificatório forjado no desejo do que seria ser "branco"; projeta, portanto, o branco que nunca será por condição biológica.

Está posta, assim, uma dualidade fundamental, no que tange à estrutura psíquica do negro: uma dupla lacuna se instaura no processo de tornar-se sujeito, em que o real de sua condição de negro não é reconhecido, é negado e se nega. Que processo se daria, então, na elaboração do imaginário de alguém nessas condições?

O negro sofre do medo permanente da perda da sua imagem, tal qual ele a mantém em sua representação imaginária: a de branco, mantida por um ideal de brancura.

Entre o que o olhar do outro reflete para o sujeito negro e a imagem que o negro tem de seu próprio corpo negro há, na verdade, uma coincidência. O que o olhar do outro lhe mostra, desse modo, é o que, no seu desejo, o sujeito negro recusa: o fato de que ele é a encarnação do significado "negro", na medida em que ele traz no corpo o significante "negro".

A Criança Negra e o Espelho

A partir das reflexões até agora desenvolvidas, pode-se pensar a singularidade que a experiência do espelho comporta para a criança negra.

Como para qualquer criança, é na experiência que Lacan denominou o "estádio do espelho" que se produz a experiência de domínio do corpo como uma totalidade, em substituição àquilo que anteriormente era vivenciado em pedaços. Mas a particularidade que a experiência do espelho, na criança negra, envolve diz respeito ao fato de que o fascínio que essa experiência produz é acompanhado, simultaneamente, por uma repulsa à imagem que o espelho virtualmente oferece. Nesse movimento, a assunção jubilatória de que falava Lacan é necessariamente acompanhada de um processo suplementar que envolve a negação imaginária do semblante que a imagem especular oferece, pois a criança negra reluta em aderir a essa imagem de si que não corresponde à imagem do desejo da mãe.

Ao tomar-se pela imagem, ela conclui que "aquela imagem é ela", mas, não reconhecendo ali a imagem do desejo da mãe, a criança se vê, desde então, inconscientemente mobilizada a procurar, nessa imagem, o que a reconciliaria com o desejo materno.

A mãe negra, como já foi observado, ama seu bebê, mas nega, ao mesmo tempo, o que a pele negra representa, simbolicamente. Tal dualidade vai marcar a experiência do espelho na criança negra, caracterizando seu processo de identificação: coincido com o que, da minha imagem, corresponde ao desejo materno; não coincido com o que, dessa mesma imagem, contraria o desejo materno.

Nesse movimento, produz-se um mecanismo complexo de identificação/não identificação, que reproduz, para a criança negra, as experiências do adulto negro: o fato de sua identificação imaginária ser atravessada pelo ideal da "brancura". Para reconciliar-se com a imagem do desejo materno – a brancura – a criança negra precisa negar alguma coisa de si mesma.

O que Lacan chamou de identificação primordial com uma imagem ideal de si mesmo, na experiência da criança negra ocorre de forma conturbada, porque a imagem que o espelho lhe dá exige, para ser introjetada, uma operação suplementar de idealização: é preciso projetar nessa imagem um ideal de "brancura" para afastar dela o componente de rejeição que a pele negra envolve, no desejo materno.

A Relação Persecutória Com o Corpo Negro

Para Sami-Ali, no processo de despersonalização o sujeito vivencia uma alternância entre perder e recuperar a sensação de ter um corpo, o que acarreta uma angústia que se refere ao medo de perder a forma humana, na possibilidade de uma possessão que o faria se transformar em um animal ou algo inominável. Daí resulta um imenso pavor da loucura, estado permanente da angústia de despersonalização. Desencadeia-se, então, para o sujeito, uma ânsia desesperada por estar em relações transferencialmente positivas.

É o caso de se perguntar se tal processo de despersonalização não é algo que o negro, guardadas as devidas proporções, vivencie de uma forma crônica, e que, estranhamente, não o leva a suas últimas consequências, ou seja, à loucura. Pode haver algo mais complexo do que ser portador de um corpo negro, portanto, marcado pelos significados a ele associados, a partir do que conhecemos a respeito da gênese da imagem do corpo? Lembremos que é num processo inconsciente que essa gênese se dará, como resultante de um duplo processo identificatório e projetivo: "ser o sujeito sendo concomitante o outro e ser o outro não sendo o próprio sujeito"[46].

Evidentemente, no confuso processo por que passam os negros, ser sujeito no outro significa não ser o real do seu próprio corpo, que deve ser negado para que se possa ser o outro. Mas essa imagem de si forjada na relação com o outro – e no ideal de brancura – não só não guarda nenhuma semelhança com o real de seu corpo próprio, mas é, por este, negada, estabelecendo-se aí uma confusão entre o real e o imaginário. Essa confusão despersonaliza e transforma o sujeito num autômato: o sujeito se paralisa e se coloca à mercê da vontade do outro.

O sujeito, assim fragilizado, se vê exposto a uma situação em que nada separa o real do imaginário, as fantasias estão "concomitantemente dentro e fora":

46. M. Sami-Ali, op. cit., p. 13.

Na despersonalização, por conseguinte, o sujeito trata suas fantasias como objetos reais e trata os objetos reais como fantasias, duas particularidades que remetem, por ocasião da formação da imagem do corpo, aos inícios imprecisos da separação – mediatizada por uma projeção primordial – do dentro e do fora. O sujeito vive o mundo no corpo e o corpo no mundo; despersonalização e estranho inquietante são as duas faces de um mesmo e único processo desrealizante.[47]

Estranho inquietante: inquietante porque é, simultaneamente, estranho e familiar; esse é o conceito freudiano de *das Unheimlich*, um jogo dialético complexo, em que o familiar e o inquietante se localizam num mesmo e único objeto. O estranho inquietante se dá ao nível do espaço sensorial, espaço esse organizado pela visão e que, dependendo das modificações que esse espaço possa vir a sofrer, pode tornar o objeto familiar estranhamente inquietante.

No entanto, o que gera o pavor não é o estranho que se opõe ao familiar, mas o reconhecimento do estranho no que antes era familiar, cujo caráter estranho não era, como tal, reconhecido devido a um processo de repressão. O estranho inquietante tem como característica, portanto, o fracasso da repressão que, ao falhar, abre espaço para o retorno inesperado do reprimido; não se trata, aqui, de uma reação com a função de diminuir uma percepção ameaçadora, mas de uma modificação do objeto que, de familiar, torna-se estranho e, enquanto estranho, inquietante, por sua coincidência com o objeto familiar. *Unheimlich* era o que deveria ter ficado oculto mas retorna, se manifestando no objeto ao mesmo tempo presente e ausente. O sentimento de estranho inquietante é um confuso retorno a uma organização espacial "onde tudo se reduz ao dentro e ao fora e onde o dentro é também o fora"[48].

Penso que esse movimento do estranho inquietante pode bem caracterizar o tipo de experiência que marca a relação do negro com

---

47. Ibidem, p. 28-29.
48. Ibidem, p. 34.

o dia a dia no meio social. É impossível, para ele, não se perturbar com as ameaças aterradoras que lhe chegam via racismo. O racismo, contrariamente ao preconceito, é a expressão da violência, é um ato, não uma interdição que se coloca *a priori*, como forma de proteger seja lá o que for. Dentro desse universo de terror, mesmo que o negro acredite conscientemente que tais ameaças racistas não se cumprirão, o pavor não desaparece, porque ele traz no corpo o significado que incita e justifica, para o outro, a violência racista.

É justamente porque o racismo não se formula explicitamente, mas antes sobrevive num devir interminável, como uma possibilidade virtual, que o terror de possíveis ataques (de qualquer natureza, desde física à psíquica) por parte dos brancos cria para o negro uma angústia que se fixa na realidade exterior e se impõe inexoravelmente.

Ainda que lançando mão de um arsenal racional lógico o negro possa desconsiderar tais ameaças racistas que parecem grotescas, absurdas, totalmente incabíveis legalmente – já que criminosas em termos de direitos civis –, é mais forte que ele: ele acaba sempre por sucumbir a todo um processo inconsciente que, alheio à sua vontade, entrará em ação.

A "Vergonha de Si" e os Processos Autodestrutivos do Negro

Quando o processo de despersonalização de que nos fala Sami-Ali é levado às últimas consequências, o indivíduo sofre a perda da condição de sujeito e, correlativamente, sofre uma quebra no processo de simbolização: ocorre, então, a perda do simbólico, que implica na impossibilidade de elaboração de qualquer situação do seu cotidiano.

Tal forma extrema a que pode levar o processo de despersonalização depende, está claro, da constituição psíquica estrutural do sujeito, que o torna mais ou menos vulnerável à possibilidade de uma cisão psíquica. No entanto, independentemente disso, tal experiência pode se dar, enquanto fenômeno descontínuo e fugaz, para qualquer sujeito, pois os processos psíquicos não são excludentes entre si, e podem ocorrer concomitantemente na estrutura da psique. Essas considerações se aplicam identicamente ao conceito de vergonha que pode levar ao ódio de si, proposto no livro *Ah! As Belas Lições!*, de Radmila Zygouris, que pode funcionar tanto como uma etapa intermediária antes da possibilidade de instauração propriamente dita do processo de despersonalização, como pode funcionar como processo pontual, eventualmente experimentado pelo sujeito em função das experiências vividas.

A vergonha, diz ela, não habita o recém-nascido: esse sentimento começa a existir a partir da percepção do que ela denomina o julgamento moral do outro, e produz, como consequência para o sujeito, um estado de angústia.

Zygouris estabelece uma correlação entre o sentimento de vergonha de si e a experiência original da angústia:

> A angústia nasce do medo de perder o objeto amado ou de sua espera devastadora, a vergonha é uma decadência social, ainda que o "social" seja reduzido à sua mais simples expressão: um olhar que julga! Esse olhar pode ser o da própria mãe desde os tempos primordiais de um aparente idílio, mas que não lhe pertence: esse olhar que julga já é a instância à qual a mãe se submeteu e que a criança percebe como estrangeira ao território de ambas.[49]

A autora aponta aí a origem da primeira experiência do sentimento de exclusão, da primeira sensação de "derrota do bom para si em proveito do bem para o outro".

Para ela, não importa qual tenha sido a causa, nem qual o objeto da vergonha de si, nem se se trata de vergonha por um outro: sempre será vivida como vergonha de si mesmo.

Mesmo que se pense a origem da vergonha como oriunda das feridas narcísicas, ou de dificuldades com o ideal do eu, nenhuma

---

49. R. Zygouris, *Ah! As Belas Lições!*, p. 166.

dessas considerações leva em conta que a vergonha demanda uma "vingança" (reparação), e quando ela não acontece, a vergonha jamais será esquecida. "Toda situação em que a vergonha se faz presente é uma situação de violência real ou simbólica, violência feita ao psiquismo e, em consequência da impossibilidade de uma resposta eficiente, ao próprio corpo."[50]

É nesse sentido que na vergonha de si há um aspecto pulsional que lhe dá fundamento corporal. Assim, a vergonha de si aparece como um desastre visceral, que não pode ser esquecido, que demanda o tempo todo um agir que não pode acontecer, levando o sujeito a uma sensação de impotência.

A vergonha tem sua origem no social, mesmo que ela tenha ocorrido no seio familiar; coloca o sujeito em confronto com a violência e a impossibilidade de reagir. Ela desencadeia a angústia e se apodera do corpo, provocando o rubor, o suor e o desejo de desaparecer. É impossível esquecê-la porque ela está inscrita no sujeito, não só como uma representação, uma lembrança de dor, mas "como uma experiência traumática inscrita no próprio corpo"[51].

A experiência de vergonha e a pulsão agressiva que se apresenta simultaneamente a uma angústia são, diz Zygouris, tanto uma quanto a outra, como afetos em estado bruto, como pura pulsão, que prescindem dos valores linguageiros, pois na medida em que esses afetos não produzem uma resposta adequada, o espaço simbólico de vida, que se orienta pelos valores que a linguagem instaura, sofre uma desestruturação.

Quando colocado em uma situação em que vê seu objeto de amor – e esse objeto pode ser, em função do princípio narcísico, a imagem de si – atacado pelo outro, insultado, o sujeito é atacado ele mesmo, e deve reagir, em função de sua pulsão agressiva.

Mas quando essa situação desencadeia, para o sujeito, a vergonha de si, é impossível a reação da pulsão agressiva, uma vez que o

---

50. Ibidem, p. 167.
51. Ibidem, p. 166.

sujeito, nesse caso, se vê numa situação de impotência, e a pulsão agressiva, em vez de se externalizar em direção ao outro, encontra como saída o próprio corpo do sujeito. "O sujeito é, assim, duplamente atingido: em seu objeto de amor, do qual sempre é apenas parcialmente separado; e em sua capacidade de resposta, sofrendo desse modo a violência da pressão da pulsão contra si próprio – seu corpo, sua face, seu nome."[52]

No processo de vergonha de si, a denominação é a figura por excelência, pois comumente a denominação marcada pelo sentido da vergonha – como ocorre nos casos exemplares do insulto ou da injúria – ocupa, no discurso que produz a ofensa, o lugar do nome próprio do sujeito. Dessa forma, a denominação proferida pelo outro reduz o sujeito a não ser mais nada, resultando, para ele, na perda simultânea do nome próprio e da identidade.

Tal denominação faz com que aquele que é seu objeto se veja ameaçado de exclusão. Diz Zygouris que, se "por vezes isso diz respeito ao imaginário, não diminui em nada a ferida, que não é imaginária quando toca ao mesmo tempo no real do corpo e no simbolismo do nome próprio"[53].

O nome próprio é o signo que representa o próprio sujeito, que o diferencia do outro. Diz Zygouris: "Meu nome me separa de ti, mas também graças a ele você pode me chamar. Se a ofensa vier nesse mesmo lugar, então tudo pode desmoronar... 'Sinto vergonha.'"[54]

A categoria de vergonha de si, a meu ver, permite contemplar de modo bastante apropriado um fenômeno que, no caso dos negros, constitui uma experiência central, espécie de marca por excelência na qual se manifestam os processos de racismo e exclusão.

Refiro-me, aqui, às formas de denominação ofensiva a que o negro é, comumente, exposto no espaço social, e que, longe de

52. Ibidem, 168.
53. Ibidem, p. 170.
54. Ibidem, p. 171.

serem uma experiência específica do indivíduo, se associam ao extenso repertório de designações depreciativas que, historicamente, marcaram os negros (de que Conty, por exemplo, é um representante, como vimos no capítulo 2).

Quando o negro é designado, por exemplo, como "macaco"; quando, numa situação de tráfego, ouve alguém que, dirigindo-se a ele, diz "macacos não deveriam dirigir", a vergonha o invade.

O negro ensaia uma resposta, mas o impacto da situação o paralisa. A fantasia, no entanto, é a de poder dar uma resposta à altura e se vingar do agente dessa situação de humilhação.

A designação "macaco" vem ocupar o lugar de seu nome próprio, pois toda denominação ocupa o lugar do nome próprio do sujeito.

Algumas são neutras e podem ser comutadas pelo nome próprio sem afetar a identidade do sujeito (por exemplo, "senhor", "você"); outras (como, por exemplo, o típico "dona Maria", dirigido a qualquer mulher de quem se deseja apontar a falta de destreza na direção de um veículo) afetam a identidade do sujeito na medida em que o incluem numa categoria genérica (despossuindo-o, portanto, de sua singularidade), cuja marca é o "erro", o "defeito". É o caso da maioria das formas de insulto.

Mas a denominação "macaco", atribuída ao sujeito negro, é peculiar, e se distingue de outras formas de injúria que, denominando o "defeito" moral, atingem o espírito. Essa designa como defeito seu próprio corpo, pela alusão à cor; e, pela associação que aí se dá entre "cor negra" e "macaco", não só despossui o sujeito de sua identidade, mas, inclusive, nesse caso, de sua própria humanidade.

Tal denominação se traduz, para o sujeito negro, como uma mensagem perversa, que lhe diz que ele, negro, perante o conjunto dos humanos brancos, está na posição de um animal (inferior, portanto, no plano biológico).

No negro, a vergonha de si, desencadeada pelo insulto, reencontra a marca da imperfeição a que, desde sempre, seu próprio corpo esteve associado. Tal marca, que ele não pode esconder, é, no entanto, desde sempre, vista como um defeito do seu corpo que ele tenta, todo o tempo, corrigir. A pele que o reveste assume, assim, a característica de uma mancha: o defeito a ser escondido, a cor negra.

Nesses momentos, aquilo que o sujeito encontra no olhar do outro – a reprovação – assume o significado particular expresso na denominação e mostra o quanto aquela marca – a cor negra – que o sujeito negro, imaginariamente, crê poder esconder, neutralizar, está sempre lá. Nesses momentos, o sujeito negro se dá conta de que o lugar social que porventura veio a ocupar (condição econômica elevada, prestígio social etc.) não o põe a salvo do estigma que faz da cor negra uma mancha, um defeito.

A mancha negra é a marca da imperfeição, o signo que atravessa os mais diferentes códigos sociais, pois o sentido que porta será sempre o da exclusão. É por isso que a luta do negro será sempre a luta para ser incluído; mas essa é uma luta eterna, pois, no limite, a inclusão nunca é obtida pelo negro, pois o corpo negro sempre permanecerá como marca da exclusão.

Não conseguindo se ver incluído, o negro acaba por se excluir, como única alternativa para eliminar aquilo que é impossível de ser eliminado. Somente os processos autodestrutivos podem significar, para ele, a eliminação daquilo que exclui seu próprio corpo, sua própria condição de sujeito.

Na sociedade atravessada por uma história de racismo e discriminação persiste, mesmo que silenciosamente, o pressuposto de que o negro deverá agir de acordo com certos estereótipos do comportamento do negro que habitam o imaginário social, ou seja, o negro deverá agir sempre com paciência e moderação; não é suposto estar sujeito às emoções inerentes ao humano – ódio, raiva, amor – das pessoas ou do grupo. Deverá se contentar com empregos que nada exijam de inteligência e pelo qual lhe paguem um salário de subsistência; ele se sentirá feliz em viver e criar sua família em habitações inadequadas.

Quando o negro percorre uma trajetória social que não corresponde aos estereótipos sociais da condição negra, não é incomum que ela acabe por se destruir como se não se desse conta de seu próprio sucesso. Ainda que sua autodestruição pareça um contrassenso, ela faz sentido no interior de uma lógica em que a "mancha negra" da qual ele é o portador deverá ser destruída. Isso faz do negro alguém que está fadado a estar sempre aquém dos padrões idealizados pela sociedade branca.

Na realidade, o significado do percurso do negro socialmente bem-sucedido não pode ser dissociado daquela luta para se sentir incluído (de que tratamos no capítulo anterior). Em tal trajetória, o negro acaba sempre por se sentir, de alguma forma, despossuído dos sentidos desse processo, que, para ele, sempre aparecerá como a realização do desejo do outro. Em meio a esse processo, o negro acaba por não conseguir discernir bem quais seriam suas próprias expectativas.

A alienação que resulta de um longo período histórico de subordinação e humilhação faz com que os negros padeçam de um terrível sentido de inferioridade, que chega até mesmo ao ódio, em relação à sua condição de "pessoa negra".

São inúmeros os exemplos de negros que, embora tenham alcançado um lugar social de destaque (realizando, assim, a inclusão), mesmo assim se empenham, num processo autodestrutivo, em "apagar" as marcas do corpo negro, seja pela modificação de suas características biológicas (o que pode incluir até mesmo a cor da pele, por meio de branqueamento artificial), seja pelo seu "apagamento" psíquico, num gesto onipotente de negação de sua própria condição física de negro (como, por exemplo, se mostra na declaração: "Eu não sou um negro, sou Pelé").

O negro é afetado, ele próprio, pelos estereótipos sociais que o territorializam negro na periferia da sociedade, na subcultura, na pobreza, ao mesmo tempo que é compulsoriamente atraído pelos lugares e valores sociais estereotipicamente marcados como "brancos": os lugares de poder, de *status*, de segurança, de cultura e, até mesmo, de beleza são vistos como possessões brancas. Desse modo, a construção de sua própria identidade, para o negro, é sempre atravessada pela frustração.

No imaginário social produzido pela sociedade branca e escravocrata, o negro funcionou como significante catalisador dos fantasmas e perversidades dessa mesma sociedade, que, exteriorizando esses núcleos internos que aterrorizam, construiu representações em que tais horrores são presentificados no corpo negro.

É assim que a representação da sexualidade do negro, para tal imaginário, coloca-o na dimensão da violência selvagem (o estupro, por exemplo), ou na dimensão do gozo invejado (na figura de uma extraordinária potência sexual do homem negro ou da sensualidade exacerbada da mulher negra).

A essas imagens sociais, obviamente, o negro não está imune, e seu efeito é confundir e perturbar o sujeito que, na sua tentativa desesperada de não ser a presentificação do "mal", adere de forma fantasmática aos valores "brancos", pela negação de suas características étnicas que chega, no limite, como vimos, à negação de seu corpo próprio.

5.
A Condição de Negro Vivida Como Privação

A Categoria Freudiana de Romance Familiar

Para Freud, o crescimento do indivíduo necessariamente passa pelo "libertar-se da autoridade" dos pais; processo doloroso, esse movimento de liberação é essencial para o equilíbrio do indivíduo, que será proporcional ao quanto conseguir se liberar. O progresso da sociedade se baseia na oposição entre gerações que se sucedem; mas há alguns indivíduos, segundo Freud, "uma classe de neuróticos", cujo modo de ser é claramente determinado pela falha desse processo.

Para a criança, os pais representam a "autoridade única e a fonte de todos os conhecimentos"[1], o que provoca na criança, nos seus primeiros anos de vida, um desejo de se igualar aos pais ("isto é, ao progenitor do mesmo sexo"), ser como seu pai ou sua mãe. No entanto, o desenvolvimento intelectual da criança dá-lhe a possibilidade de descobrir, gradativamente, a que categoria pertencem seus pais: em suas relações sociais, é inevitável o conhecimento de outros pais, que ela acaba por comparar aos seus e, dessa forma, poderá questionar qualidades que, num primeiro momento, ela considerara insuperáveis.

---

[1]. S. Freud, "Gradiva" de Jensen e Outros Trabalhos, ESB, v. IX, p. 243.

As frustrações cotidianas que as crianças experimentam no convívio com os pais dão-lhes suporte para criticá-los, já que, na comparação com outros pais, a criança se dá conta de que em alguns aspectos os outros se mostram mais interessantes do que os seus: "A psicologia das neuroses nos ensina que, entre outros fatores, contribuem para esse resultado os impulsos mais intensos de rivalidade sexual."[2]

A criança, que se sente descuidada pelos pais, experimenta um sentimento que, sem dúvida, serve de base para que passe a rivalizar com os pais. Em função da existência de outros irmãos e irmãs, a criança sente-se prejudicada em sua cota de amor, imagina não estar recebendo dos pais o amor que tem que ser compartilhado pelos irmãos e irmãs. Freud aponta que, mais tarde, na adolescência, essa vivência trará a ideia, ao adolescente, de ter sido uma criança adotada ou de que um dos pais possa ser padrasto ou madrasta.

Não é incomum que alguns indivíduos que não desenvolveram neurose acentuada se recordem de que, em momentos de conflito com os pais, reagiram respondendo-lhes que tal tratamento só era possível porque ele fora adotado. Os impulsos hostis contra o pai são mais acentuados no menino do que na menina; os meninos tendem a querer se livrar do pai, de forma mais acentuada do que das mães, e vice-versa com as meninas, embora Freud observe que nas meninas a imaginação tende a se revelar mais fraca: "Esses impulsos mentais da infância conscientemente lembrados constituem o fator que nos permite entender a natureza dos mitos."[3]

Freud denomina "romance familiar do neurótico" o conjunto das representações ligadas a esse processo de afastamento em relação aos pais. Uma vez ultrapassada essa fase, o "romance familiar do neurótico" quase sempre é esquecido e raramente se constitui numa lembrança consciente, que pode ser revelada pela psicanálise.

---

2. Ibidem.
3. Ibidem, p. 244.

O romance familiar é produto de uma "atividade imaginativa estranhamente acentuada", que é uma característica essencial dos neuróticos e de pessoas relativamente inteligentes. A atividade imaginativa que se ocupa das relações familiares aparece, na criança, nas brincadeiras até o período anterior à puberdade. Os devaneios, que são comuns até depois da puberdade, são um exemplo da atividade imaginativa.

Esses devaneios correspondem a "realização de desejos e uma retificação da vida real"[4]. Têm dois objetivos principais: um erótico e um ambicioso – embora o objetivo erótico esteja comumente oculto sob o último.

Nesse período de grande atividade imaginativa, a criança se dedica a libertar-se dos pais, que já não ocupam mais um lugar de alta estima, e os substituir por outros, "em geral de uma posição social mais elevada": "Nessa conexão ela lançará mão de quaisquer coincidências oportunas de sua experiência real, tal como quando trava conhecimento com o senhor da Casa Grande ou com o dono de alguma grande propriedade, se mora no campo, ou com algum membro da aristocracia, se mora na cidade."[5]

São acontecimentos que fazem brotar a inveja da criança, que se expressa na fantasia de que seus pais sejam substituídos por outros de melhor origem; evidentemente, a forma dessas fantasias, que são conscientes nesse período, depende da capacidade criadora e do material de que a criança dispõe para inventar.

Independentemente de as fantasias serem próximas da realidade, esse estádio se dá numa época em que a "criança ainda ignora os determinantes sexuais da procriação"[6]. "Quando finalmente a criança vem a conhecer a diferença entre os papéis desempenhados pelos pais e pelas mães em suas relações sexuais,

---

4. Ibidem, p. 244-245.
5. Ibidem.
6. Ibidem.

[e] compreende que *'pater semper incertus est'*, enquanto a mãe está certíssima."[7]

A partir dessa aquisição, o romance familiar "sofre uma curiosa restrição": o pai passa a ser o ponto duvidoso, ao passo que a mãe não é colocada em dúvida, já que a origem materna passa a ser indiscutível.

Nesse segundo estádio (sexual) do romance familiar, dá-se a influência de um outro motivo que não está presente no primeiro estádio (assexual). A essa altura, como a criança conhece os processos sexuais, ela se imagina em "relações e situações eróticas": sendo a mãe o objeto de acentuada curiosidade sexual, ela funciona como causa do desejo de imaginá-la em "situações de secreta infidelidade e em secretos casos amorosos"[8]. As fantasias infantis que, a princípio, eram assexuadas, passam a ser sexuadas, mantendo-se a vingança e a retaliação, que eram bem evidenciadas no primeiro estádio. Segundo Freud, as crianças neuróticas, que sofreram punições por suas traquinagens sexuais, se vingam dos pais por meio dessas fantasias. As crianças mais novas lançam mão dessas histórias imaginativas para destituir seus irmãos dos seus respectivos lugares junto a seus pais, atribuindo à mãe tantos romances fictícios "quantos são os seus competidores".

Há variações nesses romances familiares, em que o herói e autor é legitimamente reconhecido, enquanto os irmãos são declaradamente bastardos. O curso dos romances familiares pode variar de acordo com a demanda interna da criança; por exemplo, uma criança pode eliminar o grau de parentesco que o une a uma irmã por quem se sente sexualmente atraído. Sob essa aparente indecência infantil se esconde a "primitiva afeição da criança por seus pais, a infidelidade e a ingratidão são apenas aparentes"[9].

7. Ibidem.
8. Ibidem.
9. Ibidem, p. 246.

Ao olharmos de maneira mais detalhada esses romances imaginativos, a criança conserva qualidades de seus pais verdadeiros que são atribuídas aos pais aristocráticos; não se trata de descartar seus pais verdadeiros, mas melhorá-los. Todo esforço de substituição de seus pais verdadeiros via romance é a expressão da sua saudade dos dias em que ela pensava seu pai como o homem mais forte e nobre e "sua mãe a mais linda e amável das mulheres". A fantasia da criança representa um lamento pelos dias felizes que ela perdeu: desconhece o pai do presente, para reconhecer aquele "pai em que confiava nos primeiros anos de sua infância"[10]. Nessas fantasias são expressas as supervalorizações que a criança faz dos pais nos seus primeiros anos de vida.

Gênese do Mito da Brancura no Romance Familiar do Negro

Se todo indivíduo, no processo psíquico de construção da dimensão subjetiva, vivencia esse processo de afastamento em relação aos pais que se manifesta no romance familiar, para a criança negra esse processo põe em jogo, de modo decisivo, os sentidos associados à *pele negra*, e, nesse movimento de desqualificação dos pais que o romance familiar envolve, o que se manifesta, para a criança negra, é a emergência do ideal da *brancura*.

Pode-se dizer que, mesmo antes da fase em que o romance familiar se manifesta, isto é, naquela fase em que a criança adere totalmente a seus pais, imbuídos, para ela, de uma aura de perfeição, a experiência da criança negra comporta uma singularidade, já que ela se confronta, desde os primórdios, com o ideal da brancura presente em seus próprios pais. Na medida em que a

10. Ibidem.

brancura representa, na fantasia dos negros e dos brancos, um estado "mais perfeito" do que aquele que é próprio da condição de negro, a criança negra é, desde sempre, confrontada com o fato de que a figura de seus pais é marcada por uma autoridade e uma perfeição "diminuídas". A criança negra é aquela cujos pais aparecem, desde sempre, para ela, como fragilizados pelo desejo inacessível da brancura.

Nesse momento inicial, anterior ao distanciamento que o romance familiar expressa, a criança deseja assemelhar-se totalmente aos pais. Para a criança negra, essa identificação ilimitada da fase inicial já envolve a identificação com a fragilização que afeta os pais negros, decorrente de um imaginário de falta de saber, de poder, os quais constituem sentidos associados à brancura; mas tal fragilidade é também decorrente do medo e da desconfiança que as experiências de discriminação produziram para seus pais. É nesse sentido que, anteriormente, procurei chamar a atenção para o fato de que a discriminação se manifesta, para o negro, muito antes de qualquer experiência social de discriminação: é com os efeitos desta, já inscritos na psique de seus pais negros, que a criança primeiramente se confronta.

Quando a criança atinge certo conhecimento, ela se depara, por comparação, com a categoria social em que estão incluídos seus pais; ela se depara, nesse momento, com a vergonha de pais que são "diminuídos" em relação a outros pais, que não só possuem qualidades e atributos que superam às de seus pais, como são o que até mesmo seus pais desejariam ser.

Se é normal que, nos processos de frustração que as crianças experimentam na relação com seus pais, a comparação e a crítica sejam inevitáveis, para a criança negra os outros pais são mais do que interessantes em relação aos seus pais: não há comparação ou semelhança possível com o modelo valorizado de pais brancos; começa aí o sentimento de vergonha em relação ao que os pais negros representam.

É nesse momento que, no romance familiar da criança negra, seus pais serão responsabilizados por serem a causa de uma incomensurável infelicidade que a afeta, aquela de possuir um corpo negro. A isso se acresce o sentimento de disputa com os irmãos (quando esses existem): pais que estão bem longe de serem ideais, e que ainda, por vezes, dividem o mínimo que poderiam lhe dar com outros filhos.

É assim que, para a criança negra, o mecanismo de atribuir aos pais a condição de falsos pais, pela fantasia de que fora adotada, se dá como consequência de uma dupla frustração: não podem ser verdadeiramente meus esses pais que não me amam como deveriam, porque dão o amor que a mim caberia a outros, e porque impuseram, a mim, uma condição insuportável: ser negro.

Essa é a gênese da separação da criança negra de seus pais: o próprio romance familiar – período de fantasias, de devaneios, e de retificação da dura realidade da discriminação que aparece como infligida a ela, em princípio, pelos próprios pais – estruturando, para a criança negra, o mito de que a condição do branco é superior à sua. O mito da brancura nasce nessa fase em que a capacidade de exagerar os fatos ou personagens reais é notável. São ideais ou representações fantasísticas, mas que aparecem para a criança negra como reais.

Representações da brancura enquanto mito, idealizações simplificadas do que é ser branco, ilusórias, sem dúvida, mas que começam a representar um significado que passará a ter decisivo papel em seu comportamento.

A criança negra começa por ir mais além do desejo de querer ser branca; passa a tentar se assemelhar ao branco no vestir, no cabelo etc. Desde que ser branco, para a criança negra, se constitui como um mito, ela passa a viver a ilusão da imagem da perfeição absoluta, a utopia da brancura.

Nesse contexto fantasioso, os pais negros são substituídos pelos brancos; eles, que já não tinham um lugar muito seguro de estima, serão trocados por outros que não só têm uma posição social, na maioria das vezes, superior à dos pais negros, mas representam o que elas e seus pais gostariam de ser. Instaura-se aqui a inveja do branco, como aquele que detém algo que lhe falta: a brancura.

A criança negra, ao amadurecer mais, se dá conta dos determinantes familiares, ou seja, da estrutura de família e de sua história. Na maioria das vezes, ela desconhece o pai, quando não foi abandonada pelo pai e pela mãe. Isso a coloca no limite do que a discriminação, que ela já pressentiu, representa enquanto isolamento. Mas, supondo que ela tenha mãe, como para qualquer outra criança, nessa fase os processos sexuais se fazem evidentes. Mas, para ela, as fantasias sexuais com a mãe e o desejo de exclusividade vão estar comprometidos por essa mãe que, ao exibir o corpo negro, remete ao que ela, a essa altura, já aprendeu a não querer, ainda que, de maneira ambivalente, as fantasias amorosas com a mãe persistam.

Nas fantasias desse romance familiar, o herói é o autor *ilegitimamente* reconhecido, pois, no seu enredo, nem para si mesmo nem para a mãe ele pode representar o branco do desejo, ainda que, em relação a seus irmãos, ele vá se declarar o "bastardo" preferido.

Ainda assim, alguma afeição por essa mãe negra subsiste; no seu romance imaginativo, a criança negra conserva o perfil dos seus pais, pois os pais míticos possuem qualidades e atributos que transcendem a realidade empírica. Mas a criança se depara com a realidade de que há, no limite, algo que seus pais jamais poderão ser: *brancos*.

É no esforço da criança negra em substituir seus pais, via romance familiar – enunciação da sua frustração, ao perceber um pai inseguro e com medo de sua própria negritude e uma mãe que oscila entre a figura do acolhimento e aquela que aponta para a pele negra como o avesso do objeto do desejo –, que o negro, como sujeito, se determina psiquicamente.

Assim, para a criança negra, não existe a fantasia de um idílio de dias perdidos em algum lugar de um passado exclusivamente mítico: muito cedo ela pressente a fragilidade de pais que desejam, também numa dimensão mítica, que ela possa superar o que, para eles, foi impossível.

A criança negra não reconhece o pai do presente, desconhece aquele pai em quem não conseguiu confiar com segurança nos seus primeiros anos de infância. A própria ideia de família, para a criança negra, é vaga; os negros, em função da condição de escravizados, não construíram a noção de pertencer a uma linhagem. A única relação que a criança negra estabelece com a ideia de família é sincrônica, isto é, contemporânea. Ela não adquire uma noção de antepassados, não constrói uma dimensão diacrônica com a história familiar, isto é, ela desconhece quem foram seus antepassados. Há uma ruptura na história familiar dos negros, não há uma percepção de continuidade de herança familiar que possa preencher, imaginariamente, o buraco provocado pela ruptura.

O negro, contrariamente ao imigrante, que fez uma "escolha" de buscar uma nova oportunidade de trabalho a fim de prosperar numa terra distante, foi capturado, aprisionado, estrategicamente animalizado pelo traficante que o colocava em condições de perda de identidade.

Expatriado, sem referências pessoais, apartado de sua língua e alheio aos costumes locais, via-se despossuído de sua humanização que somente as estruturas do sistema cultural garantem.

No novo ambiente sociocultural em que aportou, o negro era visto como um bem pessoal de seu senhor, podendo ser alugado, penhorado, vendido, hipotecado; era comparável aos animais e objetos: "Entendido como uma propriedade, uma peça ou coisa, o escravo perdia a sua origem e sua personalidade para se transformar em um *servus non habet personam*: um sujeito sem corpo, antepassados, nomes, ou bens próprios."

Como nos diz Schwarcz, sem nome: o nome que lhe era dado não era reconhecido pelo senhor que antes o desnomeara; ao receber o nome do senhor, isso não significava, para o negro, a pertença a uma linhagem, mas simplesmente a identificação da sua pertença, enquanto objeto, ao senhor.

Portanto, o nome que o negro recebeu não representava o vínculo familiar, mas a condição de ser posse de outrem: não era um nome, era uma marca.

A única memória da saga familiar que resta para o negro é a que se inicia após a diáspora, isto é, a partir da escravidão. Ele perdeu sua origem histórica, seu nascimento se dá na diáspora; um nascimento do qual ele surge despossuído do próprio nome e da própria linhagem.

Após a diáspora, a história da construção da família negra é confusa; uma vez tratados como peça, coisa, eram marcados com ferro em brasa, como animais para serem identificados. Excluídos da condição de sujeitos sociais, não poderiam constituir família: os negros se acasalavam, tinham crias que eram vendidas; a propósito, havia negros ditos reprodutores, cuja função era procriar para a venda.

Assim, o acesso do negro às instituições e instâncias sociais foi sempre tardio. Isso implicou a construção mais lenta, para as populações negras, de certos padrões sociais, como o casamento, por exemplo.

O homem negro não tinha uma mulher, mas sim uma fêmea, que poderia inclusive ser usada pelo senhor. Isso colocava o homem negro na condição de não poder criar vínculos com uma mulher a fim de formar com ela uma linhagem, descendentes. Isso dificultou a construção de um sentimento de pertencimento a uma linhagem, fator determinante no processo de identificação.

A Condição de Negro Como Falta

Como vimos anteriormente, a dimensão da falta é constitutiva da estrutura psíquica. O sujeito, para a psicanálise, é marcado pela incompletude, é não todo, porque clivado pela divisão psíquica que o constitui e assujeitado à exterioridade do sistema simbólico. A falta, por outro lado, é inseparável do desejo: porque atravessado pela falta, o sujeito é sujeito de desejo.

A dimensão da falta produz, para o sujeito, o objeto: o objeto representa aquilo que falta, aquilo que, se o sujeito o possuísse, poderia obturar a falta. Assim, ao longo da existência, o sujeito, movido pelo desejo, buscará sempre, na dimensão do objeto A, o ideal da completude que lhe é, constitutivamente, impossível. Lacan propôs estabelecer algumas distinções no que diz respeito à noção de falta. A falta se manifesta, para o sujeito, sob três formas específicas: a castração, a frustração e a privação. Em cada um dos três casos, há uma diferença quanto à natureza da falta e ao caráter do objeto[11].

Os três tipos de falta vão se manifestar no processo de constituição da estrutura psíquica numa dialética em que a criança se confronta com a falta sob a figura da frustração e da privação, num primeiro momento, para encontrar, num terceiro momento, a falta como castração. Embora haja, nessa dialética frustração/privação/castração, uma dinâmica constitutiva da estrutura psíquica, as três diferentes figuras da falta vão também se manifestar, ao longo da existência, nas vivências do adulto.

A frustração se define como a falta imaginária de um objeto real. É nesse sentido que, diz Lacan, a intervenção paterna confronta a criança com a ausência da mãe, o que é vivido por ela: "Como uma frustração, ato imaginário que se refere a um objeto bastante real, a mãe enquanto objeto da necessidade da criança."[12]

Já a privação se caracteriza pela falta real de um objeto simbólico. É assim que, para a criança, a intervenção paterna representa também a figura da privação, pois, para ela, "o pai, pura e simplesmente, intervém como privador da mãe"[13].

11. J. Dor, *Introdução à Leitura de Lacan*, p. 83.
12. J. Lacan apud J. Dor, op. cit., p. 85.
13. Ibidem.

Tudo se passa, para a criança, como se o pai privasse, isto é, impingisse uma falta real à mãe, na medida em que a obriga a se apartar do bebê, que corresponderia ao objeto de desejo da mãe e, nesse sentido, a um objeto simbólico.

É num terceiro momento que a criança se confrontará com a falta como castração, que se define como a falta simbólica de um objeto imaginário.

A castração não designa a mutilação dos órgãos sexuais masculinos, mas uma experiência psíquica inconsciente vivida pelas crianças em torno dos cinco anos de idade. Essa experiência pontua o fato de que, pela primeira vez, a criança reconhece, ainda que dentro de um quadro de grande angústia, a diferença anatômica entre os sexos. Até o momento em que se desencadeia o processo de castração, a criança se via numa ilusão onipotente, em que o pênis, tanto para o menino como para a menina, é visto como um atributo universal; o menino imagina que o pênis lhe permitirá concretizar todos os seus desejos sexuais em relação à mãe, mas acaba por aceitar que o mundo se compõe de homens e mulheres e que o seu corpo tem limites.

O menino se vê, portanto, tendo que aceitar a lei de proibição, imposta pelo pai, para salvar o seu pênis (ameaças dos adultos aos meninos pequenos, de que perderão seus pênis caso os manipulem), renunciando à mãe como uma parceira sexual.

Com o reconhecimento da lei paterna e a renúncia à mãe, tem fim o amor edipiano. A crise causada por todo esse processo é estruturante, porque o menino se torna capaz de assumir sua falta e seu próprio limite.

Na menina, a experiência da castração é diferente, apesar de apresentar dois pontos em comum com a do menino. O ponto de partida, para ambos, é o mesmo: ambos atribuem a todos os seres humanos um pênis. O segundo ponto comum é a importância da mãe; a diferença, nesse ponto, se dá ao nível da separação: o menino se separa com angústia da perda do pênis e a menina com ódio, pela descoberta de que a mãe é castrada.

Se no menino o complexo de castração termina com a renúncia ao amor pela mãe, na menina abre-se o caminho para o amor edipiano pelo pai. No menino, o Édipo termina com a castração; na menina, a castração possibilita a introdução no Édipo.

O principal ponto do complexo de castração, seja ele pontuado pela angústia ou pelo ódio, é a separação entre a criança e a mãe. O complexo de castração, portanto, faz parte da evolução sexual infantil, uma experiência inconsciente que se repete ao longo da vida, em que os sujeitos, ainda que ao preço da dor, acabam por admitir que há limites para a realização do desejo.

Assim, quando se diz que, na castração, estamos diante da falta simbólica de um objeto imaginário, é porque aquilo que falta, na castração, é o falo como representação da ausência de limites na realização do desejo. Mas tal possibilidade de ausência de limites é imaginária não existe: ninguém, na verdade, é portador do falo. Desse ponto de vista, trata-se de um objeto imaginário. Mas a falta de tal objeto imaginário tem um caráter simbólico, na medida em que seu efeito é inscrever o sujeito na dimensão simbólica da formação social.

É a partir dessa dimensão da falta que as concepções lacanianas põem em jogo que proponho considerar o modo como o negro vivencia sua condição de negro. Vimos, no capítulo anterior, no que diz respeito à figura do romance familiar, de que modo os sentidos associados à condição de negro são elaborados pela criança nesse momento de separação da posição anterior de adesão irrestrita às figuras do pai e da mãe. Nesse processo em que, como ensina Freud, a criança naturalmente vai experimentar sentimentos de desqualificação dos pais, para a criança negra tal desqualificação se define, necessariamente, como a desqualificação da condição de negros de seus pais.

Quanto ao fato – aparentemente contraditório – de que ela, criança, é também negra, vimos o modo como a criança negra se vê confrontada, desde a fase do espelho, com a experiência dupla de introjeção do ideal da brancura, enquanto objeto de desejo da mãe e com a constatação, de caráter dissociante para a criança, de não corresponder a esse objeto de desejo.

É em função de todas as considerações até aqui levantadas em relação às experiências psíquicas associadas à condição de negro que proponho pensar que tal condição é vivida, pelos negros, sob essa figura particular da falta que é a privação.

Como observamos anteriormente, há algo que se pode denominar as experiências fundadoras de frustração, privação e castração, como movimentos constitutivos do processo edipiano e estruturantes da psique. Mas observamos também que, ao longo da existência, o sujeito, que necessariamente convive com a falta, irá experimentá-la sob configurações variadas que corresponderão às formas de frustração, privação e castração.

Sem dúvida, a castração corresponderia à forma mais "elaborada" da falta, na medida em que, aqui, nem a falta nem o objeto são da ordem do real. Mesmo assim, muitas das experiências de falta do adulto são vividas no plano da frustração (fracasso de um projeto, por exemplo) ou privação (perda de um ente querido, por exemplo).

Ora, o negro, para além de inúmeras experiências de confronto com a falta que, como qualquer sujeito, vivencia, carrega ininterruptamente a experiência de viver sua condição de negro como falta: falta da brancura.

A condição de existência do negro se define a partir da noção de não ser branco, ser negro é não ser branco; ser branco, e tudo quanto possa representar essa condição, é, portanto, o objeto do desejo: aquilo que falta.

Ser branco é a condição que conteria a possibilidade da não rejeição do olhar do outro e, portanto a possibilidade de se ver, no outro, reconhecido como igual.

Mas ser branco é um diferencial representado pela cor da pele, um real palpável, um "corpo branco".

"Ser branco", tanto quanto "ser negro", para além da tonalidade que reveste o corpo dos seres humanos, representam "valores", significados. Para além do branco, está a brancura, e tudo quanto essa condição de branco "simbolicamente" representa para o negro.

Assim, se a brancura, o objeto que falta, para o negro, é um objeto simbólico, sua falta é real, porque se manifesta como algo que falta no próprio corpo, uma parte, um pedaço.

A brancura, portanto, é o objeto buscado pelos negros em seu processo de privação, é o objeto simbólico.

A brancura é um desejo materno, uma condição imaginária, que vai se juntar a duas condições simbólicas: a cor da pele (zona erógena) e a relação do sujeito com a mãe, que mantém a dupla demanda do desejo de brancura – condições que fazem emergir a cor da pele como "objeto".

A tentativa de realização desse desejo materno de brancura é que mantém o negro enquanto sujeito no gozo; como todo sujeito, o negro está excluído do gozo, isto é, ele não sabe por que deseja a brancura.

Como já vimos, nosso desejo se mantém diante do desejo do outro, é o desejo da mãe que o negro tenta manter, o desejo da brancura.

Quando o limite do corpo real negro simboliza essa impossibilidade, a saída, no imediato, são experiências que vão da mutilação ao processo de branqueamento do corpo físico. Qualquer possibilidade de adaptação do corpo, de forma harmônica, é drasticamente quebrada pela realização no concreto do desejo materno, quebrando, assim, o equilíbrio psíquico. Como a brancura não pertence nem à mãe e nem ao filho, só pode existir a baixa autoestima e a negação da condição de negro, porque o grande Outro, o espelho em que o negro vai se mirar pela primeira vez, também o nega.

O desejo de brancura persiste, ainda que de modo contraditório e ambivalente, apesar da dor pela consciência de não preencher o que, imaginariamente, responde ao requisito básico da "brancura".

É assim que a cor da pele passa a ser um objeto da realidade psíquica. Imaginariamente o negro se vê e deseja ser o branco que jamais será, pois, onde essa brancura deveria se fazer visualizar, está a cor negra, uma pele negra, marcada por tudo o que ela representa, um significante que recorta e inscreve, por contraste, o objeto simbólico do desejo do negro: a brancura; contrariando a condição do objeto simbólico do desejo, ser negro é a não condição de toda ordem, um real marcado pela falta do objeto simbólico.

6.
Estudos de Casos

O sintoma nos informa de algo que não sabíamos a nosso respeito; à parte o sofrimento que nos causa, pode, no contexto de nossa história, funcionar como algo revelador. Por outro lado, invariavelmente, os sintomas dos pacientes nos implicam, a nós, os analistas. Quando nos fala de seu sofrimento, o paciente nos faz participante dele, estabelecendo o que chamamos de transferência analítica. Segundo Lacan, o paciente supõe que o analista sabe algo a seu respeito que ele próprio desconhece; e, mais do que isso, que está na origem e causa de qualquer coisa que lhe venha a acontecer: é o que Lacan denominou o "sujeito suposto saber".

Pensar a questão analítica, quando se fala de negros, não exclui as questões sociais, econômicas, políticas e culturais que estão na raiz da categoria "negro", enquanto produto de uma sociedade hegemonicamente branca, em que tal categoria se põe em relação de contraste com a categoria "branco". Mas, na medida em que esse contraste se sustenta no eixo inferioridade × superioridade, é possível indagar sobre o modo como se dá, para o negro, como sujeito, a vivência desse processo.

O negro é atravessado pelas construções desse imaginário centrado na inferioridade, que têm como efeito, para ele, desde o autodesprezo até a autodegradação, por colocarem em xeque sua inteligência, beleza e potencial. O negro se vê, muitas vezes, paralisado e aprisionado nesse lugar imaginário, o que faz com que padeça de uma necessidade constante de aprovação por parte dos brancos com quem convive, de um medo contínuo de gestos de racismo que possam vir daqueles brancos em relação a quem ele não é um igual.

No entanto, quando decido investigar as formas pelas quais os sentidos de que o corpo negro é investido aparecem na clínica, me vejo diante de um impasse: teria eu condições de refletir sobre questões que me falam tão de perto, com o distanciamento necessário para entender que processo é esse que se dá numa relação analítica, paciente negro-analista negra ou paciente não negro-analista negra, quando se é, ao mesmo tempo, analista e negra?

No limite, permanece o medo de romper a tênue linha da sensibilidade de ser humano e me expor personagem de meu próprio drama pessoal, perdendo de vista a sensibilidade do analista que trabalha com os sintomas que falam do paciente, mas também dele, que escuta.

Em psicanálise nunca falamos de corpo físico, mas do *corpo que fala e do corpo sexual*. No entanto, percebo que meu corpo físico, que é investido de um significante peculiar, a cor negra, funciona como um evocador de significações; uma expressão, um sentimento não controlável pelos que me procuram, um significante que se liga a outros significantes. No *setting*, a anulação da presença do meu corpo negro nunca acontece, ao contrário do que ocorre fora do *setting*. Isto é, embora seja a minha cor um fator de imediata percepção do paciente que me procura, seja qual for a reação esboçada pelo paciente, ela sempre será entendida dentro dos parâmetros analíticos, nunca como uma agressão à minha pessoa, mas antes como uma forma de expressão de seus fantasmas.

Os pacientes que me procuram vêm por indicação de outros profissionais ou analistas que me conhecem; eles não sabem da minha cor, e estão sob a influência de quem os indicou, computando a minha eficiência enquanto analista. Quando se deparam com a minha presença física, acontece o inesperado. Relatarei, aqui, três casos diferentes em que se pode verificar como essa presença física envolve significações[1]. Não tenho a intenção de tecer considerações extensas a respeito do modo como conduzi ou venho conduzindo tais casos, mas apenas circunscrever algumas das formas em que o significante "corpo negro" se associa a outros significantes. Num primeiro momento, farei uma breve descrição de cada caso, seguida de comentário e de uma tentativa de análise.

Caso n. 1

Uma senhora branca, que hoje é minha paciente, durante a primeira entrevista demandava análise, a princípio, para seu filho de onze anos. Colocou sua queixa em relação à criança: falava de um menino birrento, insatisfeito, extremamente apegado a ela, embora fosse bom aluno; um menino que não tinha muitos amigos e que, diante de qualquer proposta, sempre dizia "não"; cedendo à insistência dela, acabava por gostar do que lhe era proposto fazer.

Tinha horror de vê-la sair, para trabalhar ou passear, sem a companhia dele. Ele não conhecera o pai, que morrera quando ele tinha cinco meses. Guardava muitas fotografias do pai em seu quarto, por quem nutria um amor muito grande. Dava muito trabalho em casa, relutava para tomar banho e, quando brigava com ela, quebrava as plantas da casa.

SENHORA SANTOS – Fui casada durante quatro anos, minha relação era muito difícil com o pai dele, mas quando ele nasceu tudo parecia um conto de fadas. Um certo dia, depois de ter vindo almoçar em casa, saiu para o trabalho e nunca mais voltou. Encontrei-o no

[1]. Para assegurar o sigilo sobre a identidade de meus pacientes, utilizo nomes fictícios.

necrotério. De lá para cá tenho saído compulsivamente com muitos homens, e nunca encontrei um companheiro e não me casei mais.

Durante seu relato, essa senhora me olhava muito fixamente. Quando terminou, perguntei-lhe quem ela achava que precisava de análise. Mostrou-se constrangida, se levantou, me pediu para marcar outra entrevista; disse que, caso não pudesse vir, me telefonaria.

No dia marcado para a entrevista, ela veio e, um pouco constrangida, me cumprimentou e disse:

– Você me desculpe pelo outro dia, não pude deixar de me impressionar, você era negra.

Perguntei-lhe, então:

– *Era* negra?

Respondeu-me:

– Me sinto envergonhada por ter pensado isso, não tem nada a ver com você, eu é que tenho uma história negra, nos últimos tempos me comporto como uma garota de programa. Penso que não falei para você o que me trouxe aqui; meu filho sempre dorme na minha cama e há uns quinze dias acordei à noite com ele se masturbando ao meu lado. Não é meu filho que precisa de análise, sou eu.

Comentário:

É interessante observar como a verdadeira causa que trouxe a senhora Santos a meu consultório – alguma coisa ligada à sexualidade de seu filho que a implicava – só emergiu na segunda entrevista, desencadeada por uma associação, manifesta no discurso da senhora Santos, a partir de minha condição de negra, que lhe causou uma reação de estranhamento, espécie de recusa de minha presença – eu, enquanto negra, naquele lugar de analista, quando da primeira entrevista. A senhora Santos menciona esse fato, se desculpando e, imediatamente, quando diz "eu é que tenho uma história negra", marca, no próprio significante linguístico, as relações que subjazem na sua fala: eu, que sou branca, tenho uma história negra/de negra. Que história é essa? É o que ela significa em seguida, quando, assumindo que quem precisa de análise é ela, estabelece um vínculo entre os comportamentos do filho e os dela, referidos na entrevista anterior (sair compulsivamente com muitos homens): nesse sentido, a "história negra" aparece como povoada dos sentidos de desregramento e permissividade sexual. Sentidos que estão vinculados ao significante "corpo negro" no imaginário social.

Análise:

Evidentemente o que aconteceu por ocasião daquela primeira entrevista foi a surpresa da senhora Santos e seu estranhamento por se deparar com uma analista negra.

Ao falar da sua vergonha em não me aceitar como analista, porque essa é uma função geralmente não atribuída aos negros, a senhora Santos reproduz um princípio de que é possível julgar a integridade de alguém pela sua aparência. Isto é, seria impossível que eu, uma negra, pudesse ser uma analista, visto que os negros estão destinados a trabalhos geralmente braçais, que não envolvam capacidade intelectual.

Seu constrangimento, no entanto, não era só em função de ter posto minha capacidade de ser analista em jogo. Certamente, como ela mesma disse – "tenho uma história negra" –, significa que ela associou ao significante cor negra o suposto desregramento e a permissividade sexual que os negros teriam no imaginário social.

Isto é, o que até então era uma representação do imaginário social aparecia, agora, também como sua, de si mesma, como se ela tivesse sido, de alguma forma, contaminada desse significante que, até então, na sua fantasia, pertencia aos negros. Uma vez que, na condição de branca, ela estaria livre de qualquer desequilíbrio dessa ordem, como se a condição de branca pudesse lhe assegurar um equilíbrio do exercício de sua sexualidade.

Para encobrir a sua dificuldade com a sua própria história, ela coloca em xeque a competência da analista negra.

No decorrer do processo analítico que, a despeito de suas hesitações iniciais, pôde ser levado adiante, a sra. Santos revelou não só o seu receio de que pudesse vir a ser comparada com essas representações do negro no imaginário social, mas também o medo de que viesse a ser considerada sem qualificação pela sua conduta permissiva com relação ao filho em fase de adolescência.

Apesar do que se colocou, a princípio, como um ponto de dificuldade, o significante corpo negro da analista foi o que permitiu um gancho para elaborar a realidade de seu desregramento e da sua permissividade sexual, facilitando-lhe a entrada em análise.

Caso n. 2

A senhora Oliveira, de uma família de negros, procurou-me por indicação de um médico pediatra, e marcou uma entrevista para ela e o marido, porque queriam falar a respeito da filha: uma menina de seis anos com sérios problemas de relacionamento com outras crianças, que não se adaptava à escola.

Quando chegaram, abri-lhes a porta, cumprimentei-os e me apresentei; não obstante, me disseram:
– Queremos falar com a psicanalista!
Respondi:
– Sou eu.
Se desculparam e foram embora. Dias depois a mãe telefonou e marcou nova entrevista. De volta ao consultório, se desculpou, dizendo que havia ficado muito confusa e começou seu relato:
– Minha filha é a primeira deste casamento, porque tenho um filho do primeiro casamento, e outro menino dois anos mais novo. Mariana é uma criança difícil, insatisfeita, briguenta e com dificuldade de se relacionar com as pessoas (crianças e adultos).

Perguntei:
— Dificuldade de ser negra?
A senhora Oliveira fez uma pausa repentina, como se tivesse levado um susto.
Continuou seu relato, dizendo:
— Não entendo por que Mariana não consegue se dar bem com os amigos, ela está sempre limpinha, estuda no Colégio x, trabalho para dar-lhe um certo conforto, compro as roupas da moda e, mesmo assim, não entendo por que ela agride as amigas, é muito chorona. No recreio, na escola, não brinca com as amiguinhas, sai correndo para encontrar o irmão; a professora acha estranho, porque eles se abraçam como se estivessem um longo tempo separados, ficam todo o recreio juntos e brincam sozinhos. Sei que temos dificuldades em casa, temos uma situação financeira estável, meu marido é umbandista e frequenta uma escola de samba. Eu não gosto, digo a ele que isso é coisa de preto, sempre nos agredimos muito por isso. Mariana e os irmãos assistem a tudo. Essas coisas do meu marido não são um bom exemplo para elas.
Perguntei, então:
— A religião dos brancos é que é boa para eles?
A senhora Oliveira começou a chorar e disse:
— Você não sabe como é difícil ser negro, como a gente sofre quando não se comporta como se deve, eu gostaria muito que Mariana...
Eu a interrompi e disse:
— Fosse uma menina branca?
— Tudo seria mais fácil.
Apesar da resistência da senhora Oliveira, ela trouxe Mariana para uma avaliação, pois era uma exigência do colégio.

Comentário:

Não tem sido fácil trabalhar com essa mãe o horror da negritude. É muito difícil para Mariana ser o que ela não é, uma menina branca. Dizer a negros que eles são negros não é tarefa fácil, a senhora Oliveira não reconhece, em Mariana, uma menina negra. Projeta na filha seu desejo de brancura, a partir de sua vivência de que ser negro é muito ruim, e que não é possível existir a não ser se pensando como branco. A menina, é claro, se vê exposta a essa cisão, que expressa nos comportamentos agressivos. Penso que o caso da senhora Oliveira e Mariana mostra uma das manifestações daquilo que discuti anteriormente, relativamente à construção da imagem do corpo no negro como marcada, desde a origem, pelo olhar da mãe em que a recusa do corpo negro é significada. Na ludoterapia com Mariana, usei bonecos representativos da família, ou seja, negros. Mariana não os aceitou de pronto, dizia que eram feios. Disse-lhe que eles eram iguais a ela e a mim, ao que ela me respondeu meio hesitante: "Ah, bom, eles são bonitos." Penso que não há outra forma, nesse momento, senão mostrar-lhe o próprio corpo, como num espelho, buscando uma identificação por imagem semelhante, na intenção de que ela possa ver sua própria imagem de maneira menos destrutiva. Creio que posso significar para Mariana a negra que ela não precisa ter medo de ser.

Análise:

Desde o primeiro momento, minhas intervenções foram em função do que já estava claro para mim: que uma das dificuldades que apresentava aquela senhora e, por consequência, aquela família, era com relação ao fato de ser *negra*: o quanto era difícil aceitar essa condição mostrou-se no momento em que ela a viu representada em mim, em espelho, e no quanto isso foi aterrador, a ponto de que não foi possível para essa mãe, no primeiro momento de nosso encontro, sequer prosseguir no processo normal de uma primeira entrevista, a fim de se desencadear a busca de uma queixa-fonte da possível causa do sofrimento que, sabemos, não expressa o verdadeiro problema.

A sra. Oliveira não foi capaz de me ouvir na primeira intervenção. Meio assustada e aturdida, continuou seu relato, encadeado como se eu não houvesse dito nada.

Quando fala de sua filha, "escuto" que sua filha não é uma negra, ela "está sempre limpinha", frequenta uma das escolas que foi, num passado muito recente, um dos baluartes da "brancura", importante território simbólico de poder, até mesmo para os brancos.

Onde poderia estar o problema, que ela acreditava ser da filha? Pelo que me relatou, pude perceber que a sra. Oliveira tudo fazia, trabalhava muito, com um único objetivo: poder bancar o seu acesso e o dos seus a tudo quanto fosse visivelmente, e até ostensivamente, símbolo de brancura. Como se esse esforço pudesse identificá-la com sua representação interna: a de um ser que portasse um corpo branco, signo da brancura.

Isso a colocava muito distante da percepção do seu próprio sofrimento e, consequentemente, do sofrimento da filha, que era diferente do dela.

Para a mãe, tal sofrimento se manifestava num movimento melancólico, como se fosse alguém que perdera o objeto desejado, "o ser branco", sem conseguir deixar de se identificar com a imagem desse objeto, incorporando-o, isto é, à brancura, e manifestando, assim, uma posição regressiva, correspondente a uma primeira identificação com o desejo materno que, como vimos anteriormente, corresponde ao da mãe negra que deseja que o pequeno corpo negro do filho não estivesse investido de tudo quanto representa a "cor negra".

Sua filha Mariana também passou por esse mesmo processo, com a diferença de que ela resiste à imposição materna. Mariana dá mostras de não conseguir assimilar bem as estratégias utilizadas pela mãe para "parecer" branca. No colégio, vê no seu irmão a única possibilidade de aplacar o seu terror do não reconhecimento, junta-se a ele no recreio, como única possibilidade de ser reconhecida, de não ser posta à prova, de não estar sozinha numa diferença insuportável. Um dos recursos de que ela, como sujeito, lança mão para suportar o que mostra vivenciar como insuportável é a agressividade: suas "saídas" para as situações em que se sente posta à prova quanto às suas credenciais para a "brancura" eram de agressão em relação a outras crianças ou, como último recurso, o choro, em que se expressa como vítima impotente diante do invencível.

Não era possível, para Mariana, ter em seu pai um modelo de dignidade e força do "ser negro", pois ela assistia constantemente aos ataques de sua mãe contra seu pai, justamente por ele ser um negro minimamente identificado com suas raízes culturais.

Tudo quanto esse pai fazia era, segundo a mãe, "coisa de negro" e as "coisas de negro" não eram boas. Sendo ela própria negra, era, portanto, o produto direto do mal.

Mariana encontra, portanto, uma dificuldade em transpor sua fase edipiana, visto que esse pai é incansavelmente desvalorizado por essa mãe. Mariana não mostrava a menor admiração pelo pai, cuja autoridade era questionada todo o tempo e, não raro, com certa violência verbal e física.

Num momento posterior, a partir de uma intervenção minha, a sra. Oliveira se desestrutura: dá-se conta, nesse momento, de que seu discurso não lhe assegura a "brancura" e, entre soluços, fala da dor de ser negra; mas parece guardar a ilusão de que o comportamento ("como a gente sofre quando não se comporta como se deve") pode vir a ser uma porta de acesso à brancura.

O seu desejo de que Mariana fosse uma menina branca se expressa em seu dizer ("tudo seria mais fácil"). Frustrada no seu desejo de uma filha que não fosse "negra", a sra. Oliveira protesta por Mariana não corresponder ao seu desejo de que ela, ao menos, se engajasse nessa busca da "brancura", como a própria mãe tem feito, inscrevendo-se, num eterno processo de privação que não pode jamais ser elaborado de uma falta que é, antes de tudo, simbólica, porque todo o seu esforço em tentar ser, ideologicamente, um "ser branco" não a liberta do significante "corpo negro".

Fica, para Mariana, a difícil tarefa de ter de se haver com a sua negritude.

Mariana relata, em algumas sessões, momentos de convivência com o pai, e de como ela o vê como alguém desprovido de autoridade e, nesse sentido, como ocupando o mesmo lugar que ela.

Nos poucos momentos em que sai com o pai que, escondido da mãe, a leva ao samba, Mariana parece achar divertido e diz que o pai é bom sambista, mas que a mãe diz sempre que samba é coisa de negro, e que quem gosta de pular é saci-pererê.

Ela acrescenta, sinalizando aí uma experiência vivida como uma transgressão: "É bom que minha mãe não saiba que fomos ao samba senão nós vamos apanhar."

Tranquilizo-a, dizendo que o espaço terapêutico pertence a ela e não à mãe dela. Ao que me responde: "Que bom que você gosta de samba, você não tem cara de saci-pererê, e não é linguaruda."

Difícil tem sido o caminho de Mariana para aceitar sua negritude; ainda que eu possa ser uma imagem semelhante menos destrutiva, e até valorizada como profissional, não sou a sua mãe nem da sua família, que, no limite, são a base de sua formação, enquanto sujeito.

Caso n. 3

Maíra é uma jovem de 25 anos, negra. Procurou análise em função de sua dificuldade de ter amigos; dizia-se muito solitária, não tinha namorado e não conseguia ter um bom relacionamento com sua família.

Trabalhava como secretária bilíngue, numa multinacional, e fazia pós-graduação em Administração de Empresas.

Cresceu num bairro de classe média. Na escola onde estudara havia, além dela, uma outra criança negra.

— Eu tinha vergonha de falar com ela, ela era negra.

Respondi:

— Ela era a única negra?

— Eu não me sentia negra e fazia de tudo para não me lembrar disso, cresci ouvindo minha avó falar que temos que nos casar com pessoas mais claras, para clarear a família. Só me aceitei negra depois que entrei para a militância do movimento negro.

Ela costumava dizer durante suas sessões que não tinha mais vergonha de ser negra, mas que os negros eram malvistos, porque eles não ajudavam muito, eram vagabundos, não gostavam de trabalhar, andavam sujos e eram ignorantes.

— Os negros não podem ir pra frente, eles não gostam de trabalhar.

Respondi:

— Você é vagabunda?

— Não, eu trabalho.

— Você pensa que é a única negra que trabalha?

— Não...

— Você conhece a história do seu povo?

— Já li algumas coisas, mas a verdade é que eu não gosto de ler coisas sobre a escravidão, nunca prestava atenção na aula de História quando se tratava disso, sentia meu rosto enrubescer.

Passado um ano de análise, Maíra mudara de emprego, conseguia se relacionar melhor com as pessoas e dialogava melhor com a família.

Na nova empresa conheceu, durante uma recepção, um executivo estrangeiro que estava temporariamente no Brasil.

Era um moço branco e, apesar de todo o seu medo, aos poucos se viu apaixonada e teve início um namoro bem-sucedido, que culminou com a decisão de casamento.

Maíra, porém, vivia presa a inúmeros receios: temia que o noivo pudesse se queixar de seu cheiro, tomava vários banhos quando ia se encontrar com ele; embora o noivo também falasse português, ela só conversava em inglês com ele; foi-lhe muito difícil apresentá-lo à família, embora soubesse que a família aceitaria com alegria tal casamento – pois tinha como lema o clareamento – e, da parte do noivo, nada havia que pudesse indicar uma reação negativa perante sua família.

Quando o noivo escreveu para a família dele, no estrangeiro, comunicando sua decisão de se casar e enviando fotografias da noiva, a família reagiu rapidamente, dizendo-lhe que pensasse bem, que não moraria no Brasil definitivamente e que seria difícil viver com uma mulher negra em seu país de origem. Tal situação foi muito difícil para Maíra, mas o noivo manteve a decisão, sem se deixar abalar pela reação da família.

O casamento foi marcado e os preparativos estavam em curso quando Maíra começou a emagrecer de modo surpreendente, tanto que o estilista, após inúmeros ajustes, disse-lhe que não era mais possível ajustar o vestido de noiva, pois a modelagem já estava prejudicada.

Aos prantos, Maíra diz:

– Não consigo parar de emagrecer, o que a família dele vai dizer?

Respondi:

– Me parece que não terão nada a dizer, pois até lá você já terá desaparecido; agora, como você fará para sumir também com a sua família? Eles também estarão lá, presentes, no casamento.

Maíra levou um choque e interrompeu seu choro. Uma semana depois, disse-me que havia parado de emagrecer. Disse ainda que havia se dado conta de que não era com a família do noivo que estava se casando, e que sabia que teria que se preparar para uma guerra, que estava apenas começando.

Comentário:

Maíra era uma negra que, na verdade, não conseguia se perceber como tal, ainda que às vezes aparecesse, em seu discurso influenciado pela militância, como alguém que aceitava sua condição de negra. Sua imagem de corpo era a de um corpo branco, produto do desejo de sua mãe que tentou, por meio das escolas e dos ambientes sociais que lhe proporcionara, manter esse desejo que, por vezes, era verbalizado no discurso familiar como busca de clareamento. Maíra sempre tivera muita vergonha de si, vergonha que ela imaginava já ter ultrapassado, mas que, por ocasião dos preparativos do casamento, emergiu, produzindo no real, sob a forma do emagrecimento intenso, um dos efeitos desencadeados pela vergonha de si, o desejo de desaparecer. Não se dava conta de que, em seu discurso, havia dois planos paralelos e incongruentes: um discurso de autoaceitação enquanto negra e um discurso pejorativo e de desvalorização em relação aos negros – e, portanto, em relação a si própria, uma garota negra. Suas dificuldades de relacionamento com a família estavam ligadas ao fato de que eles eram a presentificação do corpo negro – corpo negro que ela havia aprendido, com eles próprios, que tinha que ser negado e esquecido.

Análise:

Quando Maíra relata sua vergonha em falar com a única criança negra, além dela, na escola onde estudara, evidencia-se toda a sua dificuldade em ser uma negra.

Como ela mesma verbalizara, ela não se sentia negra, e tudo fazia para não se lembrar disso.

Dizia que, a partir de sua militância no movimento negro, ela havia adquirido uma consciência de ser negra; o movimento havia dado a ela a oportunidade de poder se ver como cidadã, que deveria lutar pelos seus direitos, como qualquer outro cidadão.

O que Maíra não podia compreender, pela mediação do movimento negro, é que ela não havia superado o horror à sua própria negritude.

Não tinha amigos porque temia não ser "branca" o suficiente para bem se relacionar, e não podia ter amigos negros porque "eles não ajudavam muito", isto é, não correspondiam minimamente aos seus requisitos de "brancura". Visto que os negros, como ela se referia aos seus iguais, eram, em geral, sujos, vagabundos e ignorantes.

Maíra crescera ouvindo de sua avó que era preciso se casar com pessoas mais claras para clarear a família, isto é, no seu inconsciente essa afirmação assumiu a conotação de um processo de "limpeza" necessário para que o negro se tornasse mais inteligente e trabalhador. Já que, como ela dizia, "os negros não podem ir pra frente, eles não gostam de trabalhar".

Ao intervir, perguntando-lhe se ela era vagabunda, ela pareceu confusa, como se eu houvesse apontado para ela uma consequência da sua condição de negra, da sua cor.

Após alguns segundos de reflexão, respondeu-me: "Não, eu trabalho", como se ela fosse uma exceção à regra de uma gente que não tem por hábito o trabalho.

Maíra, enquanto militante do movimento negro, fazia semblante de uma negra com propósitos politicamente corretos, mas não se mostrava muito à vontade diante da história do seu povo; percebeu que tinha vergonha dessa história que conta os horrores da escravização.

Não adquirira um senso crítico dessa história; além da vergonha, marcou-lhe o desprezo pelo negro, pelo quanto era visto, e ainda hoje o é, como um ser inferior.

A vergonha que Maíra imaginava fazer parte de uma longínqua aula de história perdida na sua infância se mostrava presente em seu discurso: "Os negros não podem ir pra frente, eles não gostam de trabalhar".

Ao longo do processo analítico, Maíra parecia se dar conta do quanto ela repetia valores que lhe foram passados via seu romance familiar, e de como ela os mantinha.

Costumava dizer-me que ficava envergonhada diante de tal consciência, mas aliviada pelo fato de ter oportunidade de descobrir isso com uma negra.

Ao que eu lhe respondia: "para lembrar-lhe de que você, também, é negra".

Dizia-me: "Parece mais doido ouvir isso de uma negra, os brancos nunca dizem nada disso, eles exigem que sejamos, no mínimo, parecidos com eles para nos respeitar, já falei pra minha mãe: para com essa mania de ser branca, nós somos negros e gente".

Na ocasião, Maíra estava lendo o romance *Homem Invisível*, de Ralph Ellison, e comentou: "provavelmente os brancos racistas ririam muito de mim se pudessem me perceber intimamente, veriam que eu saí exatamente como eles esperavam que todos os negros fossem, com um horror a si mesmos".

Maíra se repetia inúmeras vezes, "negro é gente", como se não pudesse ter garantia de ser um "ser humano", como se o fantasma da história do seu povo, de ter sido um dia "desumanizado", sempre lhe rondasse.

Quando de sua mudança de emprego, conheceu um executivo estrangeiro com quem começou a namorar, o que desencadeou uma longa história de sofrimento psíquico e físico para ela.

Embora Maíra estivesse, há um tempo razoável, na tentativa de elaboração de sua negritude, seu medo de ser uma negra permanecia enraizado.

Esse medo começou a aparecer quando, antes dos encontros marcados com o namorado, se mostra muito ansiosa, dizia suar muito e ficar malcheirosa. Começava então um ritual interminável de higiene pessoal, repetidos banhos que pudessem limpá-la de sua marca, a cor negra. Não conseguia falar português com ele, embora ele demandasse dela que falasse português, porque ele poderia aprender melhor a língua do país.

Maíra parecia não escutar o apelo do namorado, estava absolutamente paralisada com a ideia de que ele poderia rejeitá-la, por ela não se parecer com ele, com a "humanidade" dele, sua condição de branco.

Tinha receio de apresentá-lo a sua família, com medo de que ele pudesse identificar alguma coisa que a desclassificasse enquanto um ser que pudesse ser aceito por ele.

Quando eu lhe perguntava o que ela temia que ele visse em sua família, ela me respondia: "Eles não falam inglês, é a língua que toda a gente civilizada fala hoje."

Ao que intervim, dizendo: "Então eles não são gente? Porque gente é civilizada não importa a língua que falem".

Maíra me respondeu, irritada: "Eles não são bichos, gosto deles, mas eles bem que poderiam falar inglês".

Vê-se como, nesse processo, o medo que ela tinha de expor seu namorado à sua família negra, por medo de que, nesse momento, ele se desse conta de que estava se vinculando a alguém que "não era gente como ele", se expressava em termos do fato de que a família não falava inglês, num evidente deslocamento metonímico.

Apesar de seus receios, o namorado foi apresentado à família, foi bem acolhido por todos, e mostrou aceitá-los sem grandes dificuldades.

Maíra sabia que, por um lado, estava correspondendo à expectativa familiar, mas, por outro lado, dava mostras de que não estava dando conta de corresponder a tal expectativa, se mostrava cada vez mais ansiosa e infeliz.

Foi por ocasião de sua apresentação, via fotografia, à família do namorado, quando essa se mostrou reticente quanto ao fato de ser ela uma negra, que Maíra se deu conta de que, até então, todo seu esforço em não se parecer com uma negra não lhe havia adiantado muito.

Se desencadeia, então, uma reação, aparentemente de ordem física, em Maíra, sem nenhuma explicação de ordem fisiológica, posto que, na ocasião, avaliada por um competente clínico geral, foi-lhe atestado que estava tudo bem com seu funcionamento orgânico. No entanto, um extraordinário processo de emagrecimento, associado a uma visível ansiedade, denunciava um terrível processo interno de angústia.

Maíra se via numa situação em que sentia uma angústia ante a um perigo real: o de que a família de seu noivo pudesse acabar com seu casamento, em função de ser ela uma negra.

Já com todos os preparativos para o casamento correndo, há dois meses da chegada da família do noivo, não havia o que pudesse diminuir o seu sofrimento, embora o noivo fizesse repetidos esforços em assegurar-lhe que ele havia escolhido a ela para se casar e que não se importava com o que pensava sua família.

Durante uma de suas sessões, desesperada, pois tinha problemas com seu vestido, que não podia mais ser ajustado, chorando, dizia que não conseguia mais parar de emagrecer, "o que a família dele diria a esse respeito?"

Ao que lhe respondi: "Me parece que não terão nada a dizer, pois até lá você já terá desaparecido; agora, como você fará para sumir também com a sua família? Eles também estarão lá, presentes no casamento."

Era evidente que esse emagrecimento todo representava uma vontade inconsciente de desaparecer, de "dar sumiço" em seu "corpo negro".

Do que Maíra não se dera conta é que isso não garantiria também o desaparecimento de sua família e, consequentemente, do povo negro como um todo. Sempre haverá negros que irão lembrá-la de sua condição de negra.

O impacto da minha fala fez com que Maíra pudesse parar de chorar a pena que tinha de si mesma, por ser uma negra, que teria que se fazer respeitar, a despeito da história do seu povo e da sua história familiar.

Estava se casando com o noivo, era um processo complicado, era difícil não vê-lo como um representante dessa família que a rejeitava, tinha claro que alguma coisa que ela denominava como acima de suas forças começaria a partir do casamento, e disse: "Sei que tenho que me preparar para uma guerra, que está apenas começando."

Na guerra que Maíra começou a travar a partir do casamento, ela percebe que, antes de poder vir a convencer quem quer que seja de sua integridade, era ela quem precisava, acima de tudo, convencer-se a si mesma.

Seu processo de autoestima, que lhe permitiria se ver como negra e, ao mesmo tempo, íntegra, era algo a se consolidar; falava do medo de não dar conta disso, afinal, dizia, não teve tempo de fazer isso antes do casamento, teria que fazê-lo na situação de casada.

Maíra se dá conta de que não se apaga o passado histórico do seu povo, que imputa um peso a cada negro e que, por mais dolorida que essa história possa ser, para ela, não é ignorando-a, negando-a pela via da negação de seu *corpo negro*, que ela iria enfrentar todas as dificuldades que esse significante lhe trará, sempre.

Por Fim

Nas escadarias do Lincoln Memorial, Washington, em 28 de agosto de 1963, num dado trecho do seu famoso discurso, *Eu Tenho um Sonho*, Martin Luther King Jr., importante líder negro na luta pelos direitos civis dos negros americanos e, consequentemente, também para os negros de todas as nações, disse: "Eu tenho um sonho, o de que meus quatro filhos um dia viverão em uma nação em que não serão julgados pela cor da pele, mas pelo conteúdo de seu caráter! Eu tenho um sonho hoje!"[1]

Tantas décadas após o assassinato do pastor Luther King, no dia 4 de abril de 1968, a força de sua mensagem política em prol da convivência pacífica e igualitária e da cooperação entre as pessoas de todas as raças não morreu no ideal de muitos, não só na sociedade estadunidense, mas em inúmeras outras, onde quer que a diáspora dos negros tenha produzido um significativo contingente populacional, e mesmo na própria África negra, quer em função de uma experiência colonial que tenha inscrito, para os próprios negros africanos, os significantes da dominação branca, quer em função de uma vivência das significações culturais "brancura" × "negritude" que, mesmo fora da experiência da colonização, está

---

1. *Eu Tenho um Sonho*, p. 68.

posta hoje para todos os países africanos que se inscrevem (ou tentam se inscrever) como nações autônomas e independentes.

No entanto, é triste constatar que o objetivo de Luther King está tão distante de se realizar, não importa onde.

Ainda que a qualidade de vida dos negros, sejam eles americanos ou outros, tenha conhecido melhoras, continuamos, na média, mais pobres e com menos possibilidades de acesso à educação e aos bens sociais do que o restante da população, como mostram as pesquisas[2].

Em alguns lugares do mundo, os negros têm conseguido ascender a postos que lhe asseguram uma melhor condição de vida; isso, no entanto, não é uma regra.

No geral, a sua condição de trabalhador ainda é inferior à dos brancos como um todo, seus rendimentos médios, mostram as pesquisas em vários países, ainda são inferiores aos dos brancos. Não existe ainda uma representação política dos negros que os represente como membros de uma determinada classe ou, talvez, um grupo, um segmento social que se autorrepresente enquanto tal.

Imersos em tentativas de ações políticas que possam minimizar as diferenças que sofrem, os negros, especialmente os americanos, efetivamente, engajaram-se na luta envolvendo as chamadas ações afirmativas, desde os anos 1970. No entanto, na atualidade, as ditas ações afirmativas estão sendo questionadas, por negros e brancos, nos Estados Unidos, ou mesmo em outros lugares, em função de pesquisas que apontam que, infelizmente, nos lugares onde as ações afirmativas acabaram, as participações dos negros caíram em grande porcentagem.

Divididos entre a necessidade de políticas como essa, de ações afirmativas, em função da necessidade de garantir, para a população negra, alguns canais de acesso social, os negros são confrontados, por outro lado, com a crítica de estarem promovendo um racismo

---

2. O portal do Instituto de Pesquisa Econômica Aplicada – Ipea (https://www.ipea.gov.br/) é farto em dados atualizados a esse respeito. Ver ainda, no site do Instituto Brasileiro de Geografia e Estatística – IBGE (https://www.ibge.gov.br/pt/inicio.html), a página Desigualdades Sociais por Cor ou Raça no Brasil.

às avessas. Por outro lado, quando se constata que tais saídas institucionais parecem não ser suficientes para garantir um novo quadro social, o que fazer? São questões complexas que trazem em seu âmago a questão da igualdade *versus* a diferença.

A propósito dessa discussão, Carone chama a atenção para o fato de que a afirmação da igualdade como um princípio básico formal da democracia, em que todos, teoricamente, seriam iguais em direitos e obrigações, postos em termos constitucionais, funciona apenas como uma peça de retórica, isto é, não funciona, porque:

> A igualdade é considerada um princípio formal da democracia, o que equivale a dizer que todos são iguais em direitos e obrigações em termos constitucionais. No entanto, o seu caráter formal (não-substantivo) significa que a democracia deixa em aberto e não decidido o problema da estrutura concreta da sociedade [...].[3]

A Declaração Universal dos Direitos Humanos, promulgada pela Assembleia Geral das Nações Unidas, rejeita as práticas de discriminação e exclusão por origem, raça, etnia, sexo, idade, credo religioso, convicção política ou orientação sexual e se põe como um texto de lei que proíbe essas práticas discriminatórias, no qual se reconhecem, simbolicamente, todas as nações signatárias. Mas tal gesto simbólico não é capaz de garantir o fim da discriminação, que sobrevive nas construções imaginárias.

O negro, situado no vácuo entre duas culturas, a dominante e a sua, de origem (mesmo que perdida, em termos de memória histórica – pelo menos parcialmente), vê-se sempre desvalorizado, porque avaliado em termos de um padrão que pertence à cultura dominante e, em função deste, classificado como inferior. O direito à diferença, nesse sentido, não se pratica. A igualdade na diferença,

---

3. I. Carone, Igualdade *versus* Diferença, em J. Aquino (org.), *Diferenças e Preconceitos na Escola*, p. 174.

pelas injunções socioculturais que estão aquém dos registros jurídico-políticos, não se garante.

Marcelo Viñar, citando estudos de Pierre Clastres com tribos indígenas sul-americanas, aponta como os indígenas, ao se referirem aos membros de outras tribos, eram sempre depreciativos nos termos[4].

O autor observa que Clastres denomina etnocentrismo esse fenômeno "de uma xenofobia em sociedades primitivas, porque ela nos tenta a propor origens precoces, talvez constitucionais ou genéticas, para o ódio e para a rejeição das diferenças"[5].

Essa afirmação aponta para a realidade da condição humana, que se mostra preconceituosa por natureza, o que nos deveria colocar em alerta para a necessidade de lutar para inscrever, simbolicamente, o respeito à diferença. Já que a tendência do ser humano, ao se constituir como "si mesmo", é não ser capaz de fazê-lo sem a eliminação, num gesto imaginário, daquilo que corresponderia ao outro.

Não podemos nos esquecer, no entanto, de que, para além da possibilidade de caracteres constitucionais da condição humana que estão na gênese da recusa da diferença, temos as representações ideológicas construídas para salvaguardar justamente valores instituídos, na medida em que tais valores corroboram interesses determinados que podem se beneficiar daquelas representações que mapeiam o "eu" e o "outro", o "próximo" e o "distante", o "desejável" e o "recusável".

Atenta, e inexoravelmente afetada por tudo quanto diz respeito a essa questão, pela minha condição de negra, tentei, com este trabalho, construir uma reflexão em torno de uma situação particularmente complexa, que é aquela vivenciada pelo negro.

Inúmeros trabalhos têm contribuído para lançar luz sobre essa condição, seja pelas investigações historiográficas que dão conta da

4. M. Viñar, O Reconhecimento do Próximo, *Revista Percurso*, v. 7, n. 13, p. 7.
5. Ibidem.

gênese e institucionalização da condição de escravizado, da origem das representações imaginárias ligadas à figura do "negro" e, por contraste, à construção do ideal da "brancura", seja por aqueles estudos que, debruçando-se sobre a situação atual da população negra, procuram explicar tal situação em função dos determinantes históricos e das injunções culturais que seriam os responsáveis por um certo lugar social que, na atualidade, identifica o negro na sociedade.

Minha tentativa aqui foi a de trazer uma contribuição de outra ordem para esse campo. Enquanto psicanalista, me propus explorar o modo como a realidade sócio-histórico-cultural do racismo e da discriminação se inscreve na psique do negro. Isto é, debrucei-me sobre a questão de como se dá, para o negro, esse processo de se constituir como sujeito, na medida em que é afetado, desde sempre, por tais sentidos. Enquanto psicanalista e, particularmente enquanto negra, minha escuta sempre foi posta nessa direção.

Parece que as estruturas de poder e dominação não são alheias às psicanálises praticadas nos consultórios.

A literatura de que lancei mão para a realização deste trabalho é tão heterogênea quanto a natureza da questão que me propus, e foi necessário lançar mão de construções teóricas advindas de diferentes campos para poder circunscrever o objeto que me propus investigar.

Penso que a contribuição deste estudo não é a de servir de argumento contra a ação política dos negros, mas antes a de alertar para o fato de que tal ação política pode vir a ser comprometida e limitada pela falta de consciência, da parte dos negros, do processo de formação, em sua própria psique, das representações imaginárias e simbólicas do corpo negro.

A ação política pode vir a fracassar, por exemplo, pela sobrevivência, inconsciente, do mito da brancura nas próprias formas em que ela, a ação política, se expressa.

Posfácio

José Moura Gonçalves Filho[1]

A atenção de Isildinha Baptista Nogueira alcançou um núcleo psicológico profundo: o dilaceramento vivido pelos negros quando o seu reconhecimento pelos outros, matriz do reconhecimento da pessoa por ela mesma, é dominado por imagens dos pretos como de pessoas abaixo das demais. O mesmo tormento admite uma outra formulação. Acontece de os negros adotarem imagens dos brancos como modelo prestigiado de identidade, sendo então rasgados por dolorosa contradição: buscam ser representados por quem não se reconhece neles e opõe-se a eles.

Um tal dilaceramento supõe não uma condição universal vivida pelos pretos, mas certamente uma condição quase geral no quadro da dominação racista.

Isildinha nunca quis perder de vista o quadro político, e é comovente vê-la sempre voltando a isso quando, entretanto, precisou descer ao detalhe psicológico desse íntimo dilaceramento. O exame da intimidade faz momentos em que os psicanalistas arriscam deixar tudo abstrato e sem história, entregando-se a uma metapsicologia sem origem nos outros. Nossa psicanalista, todavia, vai

---

[1]. Doutor em Psicologia Social, se dedica à pesquisa do que é denominado humilhação social ou política. Atualmente é professor no Departamento de Psicologia Social e do Trabalho do Instituto de Psicologia da Universidade de São Paulo (IP-USP).

cedo asseverar que imagens, imagens de pretos ou de brancos, não são pura estampa, mas são significativas e carregam mensagens. São mensagens o que a investigadora vai então assinalar e pensar, mensagens políticas que se desdobram em mensagens morais ou imorais, estéticas, sempre mensagens sociais, muitas vezes repetitivas e desalentadoras.

Um *eu* é originariamente um *corpo* e um *corpo único*. Mas para que faça a experiência disso, depende de outros corpos que o percebam e falem a ele. Este livro foi feito para avaliar na alma negra um conflito de constituição do sentimento de *corpo próprio*. O sentimento de corpo próprio é o que inaugura a experiência de mim por mim mesmo, inaugura a experiência de um eu. Mesmo depois, quando a ideia de eu vai crescer sem parar, o corpo a acompanhará.

Um corpo sente outros corpos. Sente que outros corpos o sentem. Então, e apenas então, um corpo começa a sentir-se. O sentimento de mim é precedido pelo sentimento do outro: começo a sentir-me quando primeiro sinto que fui sentido por alguém que não sou eu. Mas as coisas ficam mal para os negros quando outros corpos, corpos brancos, subordinam os corpos pretos e, portanto, inclinam-se para o desprezo dos corpos subordinados e dos pretos. As coisas pioram quando outros corpos, agora corpos pretos, até mesmo os corpos das mães, invadidos pelo sentimento de que são desprezíveis, sentem o desprezo como se fora um sentimento seu sobre si mesmos e, então, ao contrário de proteger suas filhas e filhos, vem sem querer espetá-los pela humilhação que carregam.

Sou capaz de desdobrar-me em várias pessoas. Um eu é assim, várias pessoas. Mas as diversas pessoas que desempenho com maior ou menor coerência, só conversam entre si e fazem acordos quando a conversa de mim comigo mesmo é sentida como uma conversa de *alguém* com *alguém*, não a conversa com uma *coisa* ou com um mero *aparelho vivo*.

A condição de mim comigo mesmo como conversa de alguém com alguém vai, por sua vez, justamente depender de alguém, não eu, que tenha primeiro conversado comigo. E que tenha comigo conversado não como conversaria com máquinas ou deixaria de conversar. Em tudo isso, portanto, é decisivo o modo como o corpo é socialmente percebido: uma coisa, um organismo? Ou alguém? Sejamos mais radicais. Sem meu corpo percebido como alma, haverá choque ou conflito, no máximo haverá comandos, não haverá conversa. Um corpo só se sente corpo próprio, quando se sente alma. Só se sente alma quando conversam com ele. Nos primórdios da vida anímica, não há necessidade de que seja conversa adulta: balbuciar pode bastar para que uma alma fale a outra. Sem almas, não haverá conversa dos outros comigo, não haverá conversa de mim comigo mesmo, não haverá clima para um entendimento entre minhas diversas pessoas, meus diversos eus.

Há mais. Um eu sente a si mesmo como um outro. Os psicanalistas acentuam isso. E acentuam também os dramas que se formam quando alguém pretende o eu como uma unidade sem diferenças, homogênea, e imperiosa, dona de si. O eu pode tornar-se intolerante contra tudo que o põe dividido. Pois a tolerância de Isildinha foi tal que decidiu trazer psicanálise para um caso terrível de divisão: o caso em que o eu se sente desprezível. E o desprezo sendo, aqui, um desprezo político, longamente formado contra os pretos.

Neste ponto, notemos então que *alguém*, esse pronome, quer indicar uma criatura irredutível a mecanismos ou metabolismos, capaz do outro, e reconhecível como única (alguém é original, não como uma unidade sem estranhezas, sem divergências consigo mesma, sem conflitos imanentes, sem alteridade na relação de si consigo mesma).

Vemos então Isildinha sublinhar que a tarefa de assumir o corpo preto como corpo animado, como alma, como alguém, vai ser todo tempo perturbada pela terrível figura de um corpo rebaixado, inferiorizado, diminuído, posto como subordinado, daí corpo feio.

Os dominadores são pródigos em disfarçar seu estrago. A dominação trava os corpos, bloqueia a beleza de que são capazes, fixa-os como corpos feios. Os próprios dominadores assumem aspecto bem feio, mas limitam-se a ver feios os corpos dos serviçais. Dirão que é feia essa gente porque é feia por natureza. Fica encoberto que a natureza e a liberdade mostram lindos os corpos pretos, embora possam ser soterrados pela exploração que os vem exaurir, pela humilhação que os vem desanimar e quase apagar moralmente. Os dominadores desejariam convencer-se e convencer-nos do contrário: são subordinados porque são apagados, desanimados e feios; seus corpos são menos e estão abaixo do corpo humano de seus senhores ou patrões brancos.

A submissão política produz diminuição corporal, mas ganha também o troco da rebelião em quem não se esqueceu da beleza africana. Os rebelados, mais ainda os emancipados, não se sentem feios e, de fato, são muito bonitos.

O sentimento de fealdade é reverberação corporal de humilhação racial: sinto-me cada vez mais feio à medida que sou cada vez mais maltratado e abordado como inferior. O encolhimento da beleza vem sempre acompanhado de encolhimento moral: o corpo feio é o corpo submisso, pode tornar-se até aversivo quando demais intimidado. Acrescente-se que é tênue a linha de licenciosidade que separa o corpo usado e o corpo abusado: a exploração econômica dá facilmente em exploração sexual. É porque houve resistência que a beleza dos pretos é comerciada: a exploração mata ou explora o que não tenha conseguido matar. O desprezo político derrota o corpo ou vira cobiça do corpo não derrotado.

A dominação associa os dominados aos dominadores, ao mesmo tempo que os quer dissociados como dessemelhantes, uns em cima dos outros. Estranha hierarquia: os que são prestigiados estão autorizados a mandar nos que os prestigiam; estes, por sua vez, mandam em quem estiver pouco abaixo. Isso vai até o raso, quando ali aparecem os escravos, os servos e os operários, sem aparentemente ninguém mais para mandar, senão quando escravos comandam escravas, servos comandam servas, operários comandam operárias.

Mas há ainda dois níveis a se descer. Um deles: escravos e escravas, servos e servas, operários e operárias dominando seus filhos e filhas pequenas. E Isildinha alerta para o último nível, quando descemos maximamente, ali onde afinal mando em mim mesmo: sou diante de mim mesmo como um eu desprezível em companhia de um eu que o despreza. Essa corrente, que começa no desprezo social e vai para o fundo da alma, só pode ser quebrada pela liberdade quando compreendemos que liberdade é ação cuja prática só pode firmar-se numa comunidade.

Os dominados são integrados ao mundo da dominação tanto quanto são mantidos como nunca dignos do mundo: a dominação sabe desvalorizar e estranhamente valorizar os dominados. Tudo é estranho, isso tudo é enigmático, difícil de explicar e vencer. Isildinha ajuda. Valorização segundo o interesse dos brancos e desvalorização segundo o interesse dos brancos: ela encontrou esse movimento contraditório no coração e na mente dos pretos. A alienação dos pretos e o supremacismo dos brancos são faces da mesma moeda. A identidade do dominado é buscada em quem a aboliu: o branco pode servir de sinistro modelo para o negro. Mas isso enquanto os pretos estejam por demais isolados, censurados, impedidos de reunião e participação. E enquanto os brancos não tenham percebido que o supremacismo é uma doença histórica, espiritual, e, por isso, não estejam reunidos com os pretos de igual para igual.

Amontoados como escravos ou subalternos ou apartados e ligados como superiores e inferiores, estamos todos adoentados, embora uns sentindo muito e outros sem sentir. Para rebeliões capazes de um poder contra a dominação e inauguradoras de outras práticas, as pretas e os pretos precisam sair para o terreiro, para a roda de capoeira, para o quilombo, para a comunidade. E os brancos, que desejemos libertar-nos com eles, precisamos caminhar com eles ombro a ombro, o que pede retirarmo-nos do grupo que os quer submissos, grupo em que nascemos e que, então, nasceu também dentro de nós. Encontremo-nos como colaboradores, todos e cada um, no mesmo dever de ouvir e de falar, de testemunhar a ação dos outros e agir também, para afinal agirmos todos e nos respeitarmos como agentes. Nunca mais nos encontremos sob a forma de presas e caçadores, comandados e comandantes.

■ ■

A investigação de Isildinha é marcada por uma ideia radical: o corpo não é coisa, mas manifestação de um mundo e alguém. É signo e rosto.

Manifestação de um mundo, o corpo é signo. Ganha traços que assinalam posições naturais tanto quanto culturais e políticas: o corpo pode aparecer preto tanto quanto africano e depois brasileiro; pode aparecer preto, escravizado, banzeiro; pode aparecer preto, capoeira e quilombola.

Os conceitos do corpo como de um veículo fisiológico ou como máquina são tão possíveis quanto são ligados a uma hora histórica. Houve, por exemplo, a hora em que a natureza, como nunca antes, começou a ser experimentada como uma reunião ou luta de organismos, tendo sido antes possível experimentá-la, na alvorada da era moderno-burguesa, como uma coleção de coisas. Essas experiências possíveis da natureza, já experiências de risco, elevam tal risco e propagam desastres quando manipulamos e julgamos a cultura como uma realidade intrinsecamente mecânica ou biológica e quando manipulamos e julgamos gente como coisas ou organismos. No escravismo colonial, isso chegou ao paroxismo e deixou uma herança sentida até agora. A passagem do Brasil Imperial para o Brasil Industrial não representou superação da dominação racista.

Coisas não percebem nada, são inertes. Estão aí para dispormos delas, deslocando-as para cá ou para lá, segundo a força que tenhamos e a utilidade desses deslocamentos. Organismos, a noção pode querer apontar indivíduos que comem, percebendo outras criaturas apenas para decidir se são comestíveis, dispensáveis ou tóxicas. É certo que, nesse sentido autocrático ou autorreferente, a noção de organismos mal compreende os seres vivos e não pode abranger todas as suas atitudes. Os organismos viveriam de viver para si mesmos, nada valendo além de si mesmos senão o que possam, comendo, tornar eles mesmos.

Isildinha coloca-se na perspectiva de que para pensar os corpos negros seria desmoralizador compreendê-los como coisas ou organismos, e há tempo tornou-se urgente senti-los e pensá-los como corpos eróticos, impelidos por desejo muito mais do que por fome.

O corpo erótico é corpo amante, ocupado não em retirar sua vida dos outros, tudo e todos valendo a alimentação de si mesmo, sua autoconservação e reprodução, mas é corpo atraído por outros corpos e que se entrega a outros corpos, não para alimentá-los, mas para tocá-los sem devorá-los, ouvindo e falando a eles, apreciando que os outros lhe tenham abordado também assim.

A fome não deixa de marcar a atitude dos humanos em relação a outros humanos, mas é preciso reconhecer que isso se dá quando, por um rodeio, o amor retira do ato de alimentação um modelo. Acontece de os humanos, não para o cumprimento de uma necessidade, mas para expressão de desejo, amarem como quem come. Quando o vetor centrífugo do desejo predomina sobre o vetor centrípeto da fome, acontece de a gente sugar delicadamente e isso é beijar. Pode inversamente acontecer de a gente beijar vigorosamente, como quem suga e morde, havendo riscos.

No espectro de fenômenos eróticos que se ligam aos modelos da alimentação, conta um, o mais violento: o da dominação justamente. E tomemos outra vez a dominação racista. Acontece de os negros serem explorados como quem são devorados. O desejo de dominar tem sua arqueologia muito ligada ao amor dos dominadores pela própria vida: os dominadores são gregários, introvertidos, arrastados pela preocupação com a autopreservação de seu grupo, o que os leva a arrastar e tragar outras vidas, gozar de subordinar outras vidas, outros grupos, buscando o corpo ou alma dos dominados como caça, buscando o trabalho ilimitado dos comandados como fonte de tudo aquilo que os comandantes têm necessidade de consumir e usar. Os pretos são gordura para os brancos na dominação racista.

Quando uma vez interrogado sobre seu nome, o demônio respondeu: *meu nome é legião, somos muitos*. Isso se aplica à dominação: o dominador nunca é um, são originariamente muitos, antes que se façam representar por cada um. Onde um seja encontrado, ele jamais estará sozinho. E o projeto de dominação não terá saído de um, passando para outro e finalmente adotado por todos. Tudo primeiro começou *entre* eles, tornando-se uma tarefa de grupo antes que fosse reconhecível num só dominador. O dominador nunca se aparta de um grupo de dominadores: ainda que pareça sozinho tem silenciosamente o grupo nele, fiador interno de sua arrogância. A soberba que vemos nele é a soberba de um gigante, não de uma criatura humana, é a soberba de um grande grupo. Trata-se, é verdade, de um grupo que quer passar a impressão de um só indivíduo, forte, muito forte, invulnerável, colossal. Porque passa por um indivíduo é que indivíduos se encontram na contingência de identificar-se com ele, sentindo que são também um gigante, fazendo-se um só com o gigante.

A soberba de um dominador não começa pela identificação com a soberba de um outro, mas de um grande outro, feito da reunião de muitos que, como num feixe, deixam sua condição separada e passam a integrar o gigante como partes dele. Partes mais ou menos indiferenciadas: o que importará é que nossas diferentes funções integrem uma só função: manter vivo o gigante. Os dominadores assumem o aspecto de uma tropa, sejam comandantes ou soldados rasos, ignoram o que seja uma comunidade.

A energia do gigante é transmitida para golpes de indivíduo contra indivíduo. É também transmitida para as instituições. O golpe do gigante fica invisível nos golpes individuais e nos golpes institucionais. A vítima fica necessariamente confusa nas duas situações. Às vezes, o cidadão branco que humilhou o cidadão preto foi um tipo qualquer e que pareceu fracote. E, entretanto, para um furioso golpe de humilhação bastará um olhar rápido do fracote, mas que tenha medido o preto e tomado seu corpo como uma mancha, parecendo considerá-lo feio. Bastará, noutras vezes, que o branco pareça cego para o preto, o preto empurrado para uma condição de invisível e, ao mesmo tempo, ostensivamente exigido como subalterno. Nas instituições, a realidade fica também confusa: meu salário é inferior ao dos brancos nas mesmas incumbências. Por quê? É por que trabalho menos ou trabalho mal? A distorção de sentido é corriqueira quando, para os humilhados, as molas sociais da humilhação ficaram escondidas e fazemos julgamentos segundo as aparências.

A aparição da realidade pede mais que aparências, pede interpretação das aparências, o que só crescerá em revelação quando conversamos intimamente e politicamente. Pesquisadores, leigos ou profissionais, incrementam nossas interpretações. Como são muitos os golpes, e enigmáticos, daí que nossos contragolpes peçam ações e investigações por vários ângulos. Pedem a cidade e as parcerias públicas, quando então debatemos soluções para problemas institucionais, atuais e históricos. Pedem alguma sala para pequenas parcerias, quando então partilhamos biografias, as lembranças prezadas e as lembranças traumáticas, conversamos sobre sonhos e sobre como a sociedade faz pesadelos. São profundos e decisivos os momentos em que os militantes compreendem o sentido da ação psicológica, e os momentos em que os amigos ou psicanalistas compreendem o sentido da ação política. Isildinha Baptista Nogueira, presente!

■ ■

Corpo é alguém, uma criatura quase tão solta quanto enraizada. É ligado às suas raízes e, ao mesmo tempo, mais ou menos desprendido delas, porque, mesmo quando livre, vale-se delas para apoiar sua liberdade. O corpo, livre, reza, dança, canta e age. Os ritos são feitos de relíquias e prescrições litúrgicas, coisas que arriscam amarrá-los em solenidade vazia não fossem os corpos encantados a animá-los. As danças são feitas de coreografia, o que arriscaria fixá-las em gestos duros não fosse a ginga imprescritível dos corpos. Os concertos são feitos de instrumentos e partituras, coisas que arriscariam travá-los em repetições sem verdade não fossem as mãos e as vozes a assumi-los e desempenhá-los com pura sinceridade. As ações são feitas de cidade, em que ganham lugar próprio, feitas de um público, de que ganham testemunho e honra, são feitas de arenas e auditórios, lugares que arriscam abrigar encenação e fingimento, não fossem habitados por atores e atrizes capazes de inauguração e de conversa. Inaugurar é sobrepujar automatismos, tirando do passado e do presente aquilo que o passado e o presente não nos dariam por si mesmos. Conversar corresponde aos atos vivos de ouvir e falar: ouvindo, sou transportado para perto de um lugar que não é o meu; falando, promovo transporte dos outros para perto de um lugar de fala que não são os seus; aos poucos, eu e os outros, conversando, transportamo-nos assim para um lugar que abraçou e superou os lugares particulares e nos leva, a todos e a cada um, a ver e ouvir muito mais. Tornamo-nos então mais capazes de discussões públicas e soluções públicas.

 Só os corpos livres podem praticar aparições e superar aparências, inovar o trabalho, impelir festas e arte. Não há comunidade onde não houver conversas e inauguração, eventos tão diferentes de governadores dirigindo governados, nunca colaboração e nunca convivência. Os corpos alforriados ficam leves, levitam.

 A liberdade aparece quando alguém pratica ações que revelam um agente que ninguém poderia imaginar com certeza, alguém sem equivalentes noutros agentes com quem, todavia, faz parentesco ou alianças. E o corpo assinala isso tudo: um corpo lembra outro corpo, como um parente, e, ao mesmo tempo, tem aspecto único, graça própria, rosto inconfundível. Um corpo é alma que aparece sempre como um nascimento, uma manifestação que não se pode adivinhar.

Nossa prisão e nossa emancipação nunca são independentes do modo como estamos no mundo e com os outros. Quem conheça Isildinha terá notado a atenção que traz para a diversidade tanto quanto para a igualdade dos humanos.

Referências

ADORNO, Theodor W.; HORKHEIMER, Max. *Dialética do Esclarecimento: Fragmentos Filosóficos*. Rio de Janeiro: Zahar, 1985.
____. *Temas Básicos de Sociologia*. São Paulo: Cultrix/Edusp, 1973.
ANZIEU, Didier. *O Eu-Pele*. São Paulo: Casa do Psicólogo, 1988.
AZEVEDO, Célia M.M. *Onda Negra, Medo Branco: O Negro no Imaginário das Elites – Século XIX*. São Paulo: Paz e Terra, 1987.
BACELAR, Jeferson A. *Etnicidade: Ser Negro em Salvador*. Salvador: Ianamá, 1989.
BALDWIN, James. *Marcas da Vida*. Rio de Janeiro: Nova Fronteira, 1980.
CARONE, Iray. Igualdade *versus* Diferença: Um Tema do Século. In: AQUINO, Julio G. (org.). *Diferenças e Preconceitos na Escola: Alternativas Teóricas e Práticas*. São Paulo: Summus, 1998.
CLEAVER, Eldridge. *Un noir a l'ombre*. Paris: Seuil, 1969.
DOLTO, Françoise. *A Imagem Inconsciente do Corpo*. São Paulo: Perspectiva, 1992.
DOR, Joël. *Introdução à Leitura de Lacan: O Inconsciente Estruturado Como Linguagem*. 3. ed. Porto Alegre: Artes Médicas, 1992.
ELLISON, Ralph. *Homem Invisível*. São Paulo: Marco Zero, 1990.
FANON, Frank. *Peau noir, masques blancs*. Paris: Seuil, 1952.
FREIRE COSTA, Jurandir. *Violência e Psicanálise*. Rio de Janeiro: Graal, 1984.
FREUD, Sigmund [1917-1918]. *Uma Neurose Infantil e Outros Trabalhos*. ESB, v. XVII. Rio de Janeiro: Imago, 1987.
____ [1913-1914]. *Totem e Tabu e Outros Trabalhos*. ESB, v. XIII. Rio de Janeiro: Imago, 1976
____ [1906-1908]. *"Gradiva" de Jensen e Outros Trabalhos*. ESB, v. IX. Rio de Janeiro: Imago, 1976.
____ [1901]. *Sobre a Psicopatologia da Vida Cotidiana*. ESB, v. VI. Rio de Janeiro: Imago, 1976.
GARCIA-ROZA, Luiz Alfredo. *Acaso e Repetição em Psicanálise: Uma Introdução à Teoria das Pulsões*. Rio de Janeiro: Jorge Zahar, 1986.
HALEY, Alex. *Negras Raízes*. Rio de Janeiro: Record, 1976.
JERUSALINSKY, Alfredo. *Psicanálise do Autismo*. Porto Alegre: Artes Médicas, 1984.
KING, Jr., Martin Luther. *Eu Tenho um Sonho*. Rio de Janeiro: Ediouro, 1995.
KOLTAI, Caterina. *O Estrangeiro: Um Conceito Limite Entre Psicanalítico e Político*. Tese (Doutorado em Psicologia Clínica), PUC, São Paulo, 1997.
LACAN, Jacques. *O Seminário, v. 2: O Eu na Teoria de Freud e na Técnica da Psicanálise*. Rio de Janeiro: Zahar, 1985.
LECLAIRE, Serge. *O Corpo Erógeno*. São Paulo: Escuta, 1992.
MEMMI, Albert. *Portrait du colonisé*. Paris: Pauvert, 1966.
MILLER, Jacques-Alain. Sintoma e Fantasma. *Clínica Lacaniana*, São Paulo, v. 1, 2. sem., 1985.

MUNANGA, Kabengele (org.). *Estratégias e Políticas de Combate à Discriminação Racial*. São Paulo: Edusp, 1996.
____. *Negritude: Usos e Sentidos*. São Paulo: Ática, 1986.
NASIO, Juan David. *Cinco Lições Sobre a Teoria de Jacques Lacan*. Rio de Janeiro: Jorge Zahar, 1993.
____. *Lições Sobre os 7 Conceitos Cruciais da Psicanálise*. Rio de Janeiro: Jorge Zahar, 1993.
NICOLAIDIS, Nicos. *A Representação: Ensaio Psicanalítico*. São Paulo: Escuta, 1989.
ORTIGUES, Marie-Cécile; ORTIGUES, Edmond. *Édipo Africano*. São Paulo: Escuta, 1989.
RIDENTI, Marcelo. *Classes Sociais e Representação*. São Paulo: Cortez, 1994.
RODRIGUES, José Carlos. *Tabu do Corpo*. Rio de Janeiro: Achiamé, 1983.
ROUANET, Sergio Paulo. *A Razão Cativa: As Ilusões da Consciência – De Platão a Freud*. São Paulo: Brasiliense, 1987.
SAMI-ALI, Mahmoud. *Corpo Real: Corpo Imaginário*. Porto Alegre: Artes Médicas, 1993.
____. *Penser le Somatique, Imaginaire et Pathologie*. Paris: Dunod, 1987.
SARTRE, Jean-Paul. *Reflexões sobre o Racismo*. Rio de Janeiro/São Paulo: Difel, 1978.
SCHWARCZ, Lilia M. Ser Peça, Ser Coisa: Definições e Especificidades da Escravidão no Brasil. In: SCHWARCZ, L.M.; REIS, L.V.S. (org.). *Negras Imagens*. São Paulo: Edusp, 1996.
SCHWARCZ, Lilia M.; QUEIROZ, Renato S. (orgs.). *Raça e Diversidade*. São Paulo: Edusp, 1996.
SOUZA, Neusa Santos. *Tornar-se Negro – ou As Vicissitudes da Identidade do Negro Brasileiro em Ascensão Social*. Rio de Janeiro: Graal, 1983.
VIÑAR, Marcelo. O Reconhecimento do Próximo. *Revista Percurso*, São Paulo, v. 7, n. 13, 1994.
WEST, Cornel. *Questão de Raça*. São Paulo: Companhia das Letras, 1994.
WRIGHT, Richard. *Filho Nativo*. São Paulo: Best Seller, 1987.
ZYGOURIS, Radmila. *Ah! As Belas Lições!* São Paulo: Escuta, 1995.

Este livro foi impresso na cidade de Guarulhos,
nas oficinas da Vox Gráfica,
para a Editora Perspectiva.